Heller/Ehrbeck-Lahrs/Unthan

Lerntrainer PKA 27 3

AF573219

Heller/Ehrbeck-Lahrs/Unthan

Lerntrainer PKA 27 3

Jutta Heller, Hanau
Isabel Ehrbeck-Lahrs, Bad Vilbel
Astrid Unthan, Frankfurt

2., überarbeitete und erweiterte Auflage

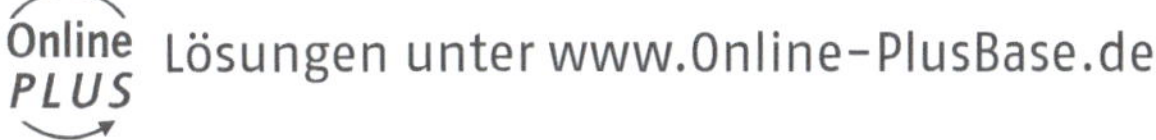

Zuschriften an
lektorat@dav-medien.de

Kontakt Autorinnen
Jutta Heller
juttaheller@web.de

Isabel Ehrbeck-Lahrs
ehrbeck.lahrs@googlemail.com

Astrid Unthan
astrid-unthan@gmx.de

Alle Angaben in diesem Werk wurden sorgfältig geprüft. Dennoch können die Herausgeberinnen und der Verlag keine Gewähr für deren Richtigkeit übernehmen.

Ein Markenzeichen kann markenrechtlich geschützt sein, auch wenn ein Hinweis auf etwa bestehende Schutzrechte fehlt.

Bibliografische Information der Deutschen Nationalbibliothek
Die Deutsche Nationalbibliothek verzeichnet diese Publikation in der Deutschen Nationalbibliografie; detaillierte bibliografische Daten sind im Internet unter https://portal.dnb.de abrufbar.

Jede Verwertung des Werkes außerhalb der Grenzen des Urheberrechtsgesetzes ist unzulässig und strafbar. Das gilt insbesondere für Übersetzungen, Nachdrucke, Mikroverfilmungen oder vergleichbare Verfahren sowie für die Speicherung in Datenverarbeitungsanlagen.

Für eine optimale Lesbarkeit wurde meist nur die männliche oder nur die weibliche Form verwendet; sie steht jeweils für männlich, weiblich und divers.

2., überarbeitete und erweiterte Auflage
ISBN: 978-3-7692-7645-9 (Print)

© 2021 Deutscher Apotheker Verlag
Maybachstraße 8, 70469 Stuttgart
www.deutscher-apotheker-verlag.de
Printed in Germany

Satz: primustype Hurler GmbH, Notzingen
Druck und Bindung: Esser printSolutions GmbH, Bretten
Umschlagabbildung: antishock/shutterstock.com
Umschlaggestaltung: deblik, Berlin

Einführung

Die Lerntrainer PKA 27 (1–3) ermöglichen es Auszubildenden, ihre Fähigkeiten ständig zu erweitern und sich das Prüfungswissen auf abwechslungsreiche Weise anzueignen, ganz nach dem Motto „Lernen mit Spaß".

Sie sind als Arbeitsbücher konzipiert, sodass die Antworten direkt eingetragen werden können. Bei den Multiple Choice-Fragen gilt folgende Regel: bei fünf vorgegebenen Antwortmöglichkeiten ist eine Antwort richtig und bei sechs Antwortmöglichkeiten sind zwei Antworten richtig.

Die Lerntrainer PKA 27 (1–3) wurden in Anlehnung an das Lehrbuch PKA 27 vom Deutschen Apotheker Verlag entwickelt. Die Aufgaben können mithilfe dieses Lehrbuchs, mit den Unterlagen des Berufsschulunterrichts und den Erfahrungen aus der Ausbildungsapotheke beantwortet werden.

Unter www.Online-PlusBase.de sind Musterlösungen verfügbar. Um das Online-Angebot nutzen zu können, müssen Sie sich einmalig registrieren. Dazu benötigen Sie eine E-Mailadresse und ein Passwort. Klicken Sie in der Navigationsleiste auf „Anmeldung" und füllen Sie das Formular aus. Danach können Sie sich mit Ihren Zugangsdaten direkt einloggen. Zur Aktivierung Ihres Zugangs zum Downloadbereich wird Ihnen eine Zugangsfrage gestellt. Diese können Sie mithilfe dieses Lerntrainers ganz einfach beantworten. Nach richtiger Eingabe ist der Downloadbereich für Sie freigeschaltet. Orientieren Sie sich bitte im Bereich „PKA".

Wir wünschen viel Spaß beim Lernen.

Inhaltsverzeichnis

Lernfeld 9: Mit heilberuflichen Verordnungen umgehen

PKA Janina ist im dritten Ausbildungsjahr. Im kommenden Herbst wird sie die Abschlussprüfung ablegen. In ihrem Ausbildungsbetrieb, der Schwanen-Apotheke, ist Janina zusammen mit ihrer Kollegin, PTA Veronique, seit einiger Zeit für die Belieferung zahlreicher Arztpraxen in der Umgebung mit Sprechstundenbedarf zuständig. Dabei handelt es sich um Gynäkologen, Kinderärzte, Internisten und Neurologen.
Auch die Versorgung der Elisabeth-Klinik, einem privaten Krankenhaus mit angegliedertem Hospiz, fällt in den Aufgabenbereich von Janina und Veronique. So hat Janina im Laufe ihrer Ausbildung die verschiedenen Rezeptarten kennengelernt: rosafarbene GKV-Rezepte, Privatrezepte, Grüne Rezepte, BtM-Rezepte und sogar ein T-Rezept hat sie mittlerweile schon einmal gesehen. Was es mit den Rezepten auf sich hat und warum bestimmte Substanzen auf diese Weise verordnet werden müssen, hat ihr Veronique ganz genau erklärt.
Beinahe täglich fährt Janina in die Elisabeth-Klinik, liefert dort Ware ab und bringt neue Rezepte mit in die Apotheke. Schon häufiger sind Entlass-Rezepte mit dabei gewesen. Außerdem bereitet sie die zweimal im Monat fällige Abholung der GKV-Rezepte durch das Apothekenrechenzentrum vor.

Aufgabe 1

In der Warensendung sind mehrere Artikel, die aufgrund eines Kundenwunsches bestellt wurden und zahlreiche Rezeptkunden warten noch auf Nachlieferungen. Das Abholerregal füllt sich. PKA Janina schaut sich 'mal ein „normales Kassenrezept" an.

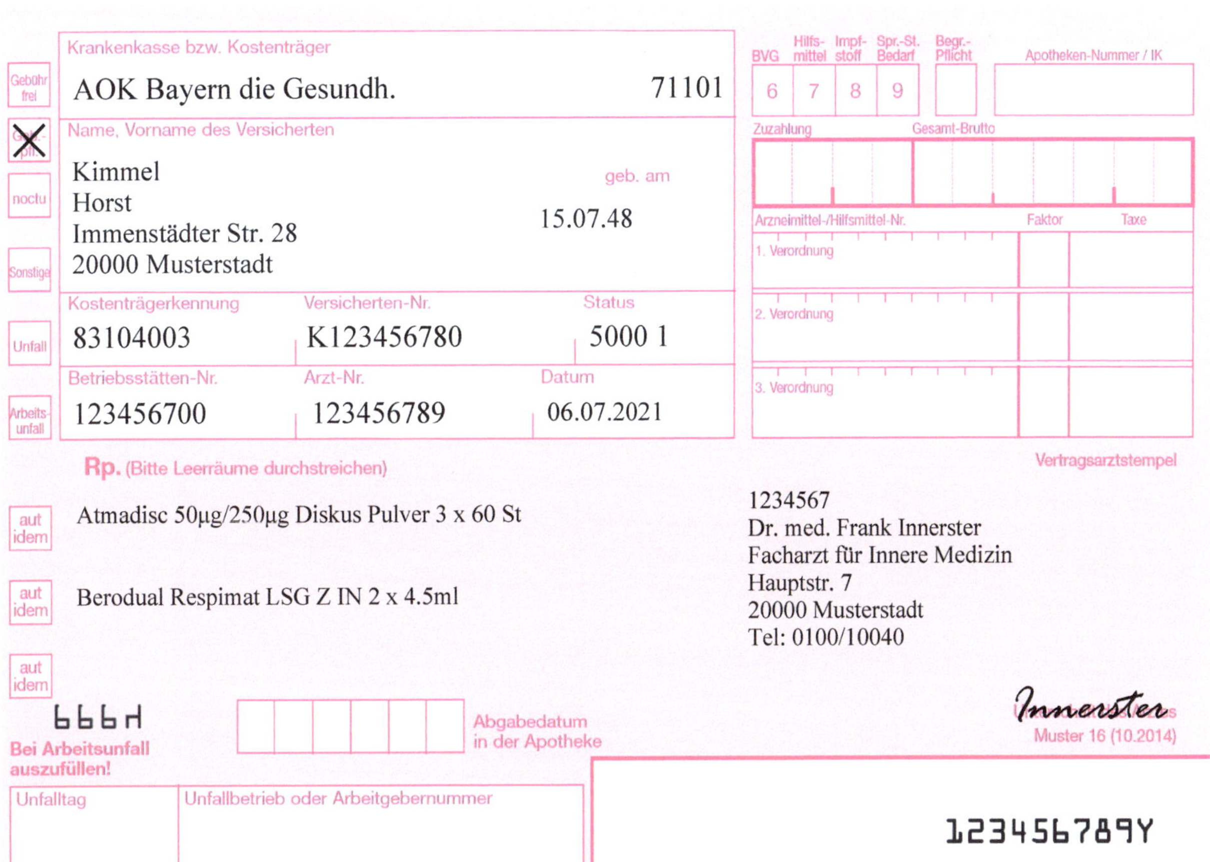

Gebühr frei | Geb.-pfl. [X] | noctu | Sonstige | Unfall | Arbeitsunfall

Krankenkasse bzw. Kostenträger: AOK Bayern die Gesundh. 71101

Name, Vorname des Versicherten: Kimmel
Horst
Immenstädter Str. 28
20000 Musterstadt
geb. am 15.07.48

Kostenträgerkennung: 83104003 | Versicherten-Nr.: K123456780 | Status: 5000 1

Betriebsstätten-Nr.: 123456700 | Arzt-Nr.: 123456789 | Datum: 06.07.2021

BVG | Hilfsmittel | Impfstoff | Spr.-St. Bedarf | Begr.-Pflicht | Apotheken-Nummer / IK
6 | 7 | 8 | 9

Zuzahlung | Gesamt-Brutto

Arzneimittel-/Hilfsmittel-Nr. | Faktor | Taxe
1. Verordnung
2. Verordnung
3. Verordnung

Rp. (Bitte Leerräume durchstreichen)

aut idem – Atmadisc 50µg/250µg Diskus Pulver 3 x 60 St

aut idem – Berodual Respimat LSG Z IN 2 x 4.5ml

aut idem

Vertragsarztstempel
1234567
Dr. med. Frank Innerster
Facharzt für Innere Medizin
Hauptstr. 7
20000 Musterstadt
Tel: 0100/10040

Innerster

Muster 16 (10.2014)

6664

Abgabedatum in der Apotheke

Bei Arbeitsunfall auszufüllen!

Unfalltag | Unfallbetrieb oder Arbeitgebernummer

123456789Y

9

© Deutscher Apotheker Verlag 2021

1a Welche **formalen** Angaben auf dem Rezept kann PKA Janina kontrollieren, wenn sie eine Nachlieferung bearbeitet?

....

....

....

....

....

1b Zu welchem Krankenkassenverband gehört die Krankenkasse „AOK Bayern"?

....

1c Innerhalb von welchem Zeitraum übernimmt die Krankenkasse bei einem Kassenrezept die Kosten? Beantworten Sie durch Ankreuzen.

A	Innerhalb der nächsten drei Monate	☐
B	Innerhalb der nächsten sieben Tage	☐
C	Innerhalb der nächsten vierzehn Tage	☐
D	Innerhalb der nächsten sechs Wochen	☐
E	Innerhalb der nächsten 28 Tage	☐

1d Ergänzen Sie!

a) Die Abkürzung „Rp." bedeutet ______________________________, das heißt auf Deutsch ______________________________.

b) Die Abkürzung „Dj" steht für ______________________________.

1e Welche Bedeutung hätte es, wenn das Kästchen „aut idem" angekreuzt wäre?

....

....

....

1f Dem Rezept ist zu entnehmen, dass der Patient gebührenpflichtig ist. Woran erkennt Janina dies?

....

....

1g Berechnen Sie den Zuzahlungsbetrag, den der Patient – im Normalfall – entrichten muss, wenn die folgenden beiden Medikamente verordnet sind:

1. Atmadisc® | AVP 102,74 €
2. Berodual® | AVP 72,34 €

© Deutscher Apotheker Verlag 2021

1h Benennen Sie alle Daten, mit denen das Rezeptformular zur Abrechnung mit dem Kostenträger – auch einer Privaten Krankenversicherung – in der Apotheke bedruckt werden muss.

1.	
2.	
3.	
4.	
5.	
6.	
7.	
8.	
9.	

1i „Bedrucken" Sie per Hand das abgebildete Kassenrezept-Formular, indem Sie die PZN, die AVP, die Zuzahlungsbeträge und alle weiteren Angaben eintragen, die vom Kassensystem Ihrer Ausbildungsapotheke auf das Formular aufgedruckt werden.

1. Atmadisc® | PZN 03180824 – AVP 102,74 €
2. Berodual® | PZN 00498388 – AVP 72,34 €

Aufgabe 2

Ein Stapel BtM-Rezepte liegt auf PKA Janinas Arbeitstisch. Zunächst prüft sie die Verordnungsblätter auf korrekte und vollständige formale Angaben. Die Zulässigkeit der verordneten Mengen – laut BtM-Verschreibungsverordnung – hat bereits einer der beiden Apotheker kontrolliert …

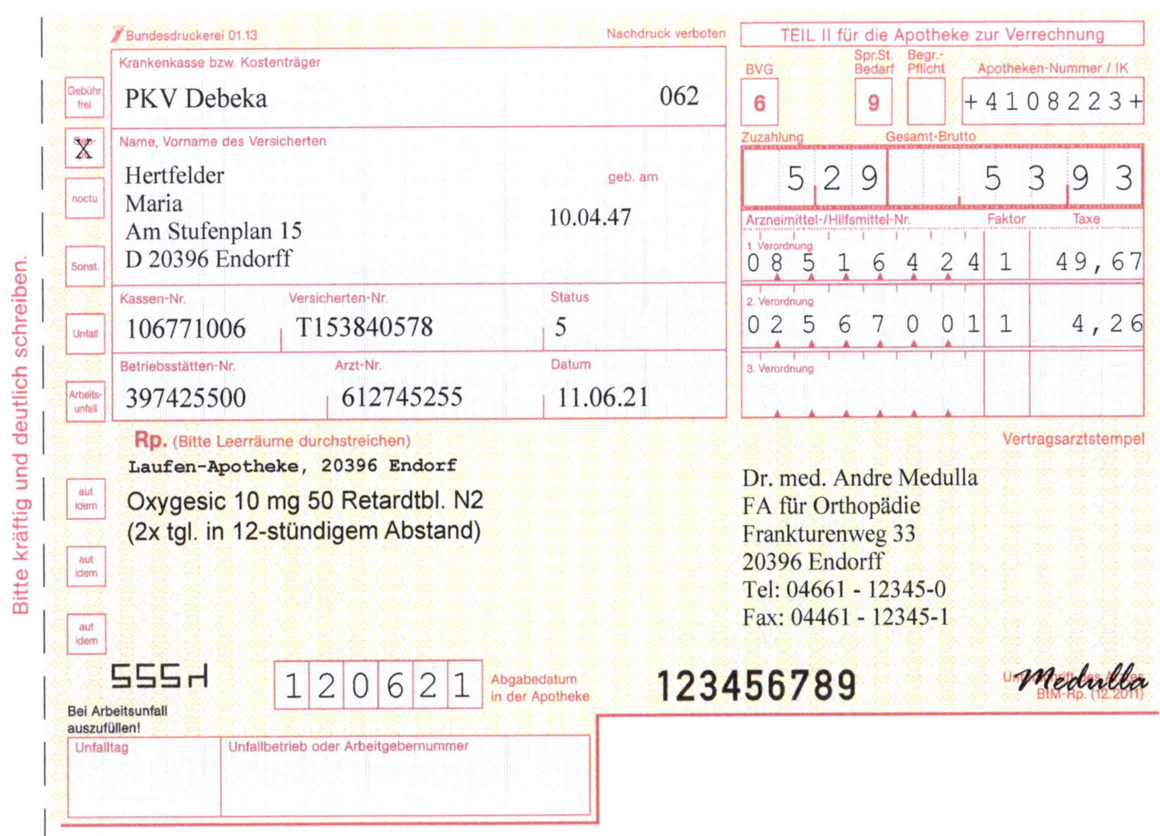

Bundesdruckerei 01.13 Nachdruck verboten

Krankenkasse bzw. Kostenträger
PKV Debeka 062

Gebühr frei
X
noctu
Sonst.
Unfall
Arbeits-unfall

Name, Vorname des Versicherten
Hertfelder
Maria
Am Stufenplan 15
D 20396 Endorff
geb. am 10.04.47

Kassen-Nr. 106771006 | Versicherten-Nr. T153840578 | Status 5
Betriebsstätten-Nr. 397425500 | Arzt-Nr. 612745255 | Datum 11.06.21

TEIL II für die Apotheke zur Verrechnung

BVG	Spr.St. Bedarf	Begr.-Pflicht	Apotheken-Nummer / IK
6	9		+4108223+

Zuzahlung	Gesamt-Brutto
5,29	53,93

	Arzneimittel-/Hilfsmittel-Nr.	Faktor	Taxe
1. Verordnung	08516424	1	49,67
2. Verordnung	02567001	1	4,26
3. Verordnung			

Rp. (Bitte Leerräume durchstreichen)
Laufen-Apotheke, 20396 Endorff
Oxygesic 10 mg 50 Retardtbl. N2
(2x tgl. in 12-stündigem Abstand)

aut idem
aut idem
aut idem

Vertragsarztstempel
Dr. med. Andre Medulla
FA für Orthopädie
Frankturenweg 33
20396 Endorff
Tel: 04661 - 12345-0
Fax: 04461 - 12345-1

Bitte kräftig und deutlich schreiben.

555H
120621 Abgabedatum in der Apotheke
123456789
Medulla
BtM-Rp. (12.2011)

Bei Arbeitsunfall auszufüllen!
Unfalltag | Unfallbetrieb oder Arbeitgebernummer

© Deutscher Apotheker Verlag 2021

2a Nennen Sie **alle Angaben**, die Janina auf dem BtM-Rezept überprüfen kann.

2b Nennen Sie **alle Merkmale**, durch die sich ein BtM-Rezeptformular „auf den ersten Blick" von einem „normalen" Rezeptformular unterscheidet.

2c Beantworten Sie die folgenden Fragen durch Ankreuzen.
Wann muss das vorliegende BtM-Rezept – Ausstellungsdatum 11.06.2021 – spätestens eingelöst werden?

A	Am Tag der Ausstellung – unmittelbar!	☐
B	Am 14. 06. 2021	☐
C	Am 18. 06. 2021	☐
D	Am 30. 06. 2021	☐
E	Am 23. 06. 2021	☐

Auf einem BtM-Rezept muss die Gebrauchsanweisung angegeben werden. Was versteht man darunter?

A	Die Art und Weise der Aufbewahrung	☐
B	Die Packungsgröße	☐
C	Die Stärke des Medikaments	☐
D	Die Wirkungsweise des Medikaments	☐
E	Die zu verabreichende Menge und Einnahmehäufigkeit	☐

© Deutscher Apotheker Verlag 2021

Aufgabe 3

3a Alle anderen BtM-Rezepte im Stapel sind zu Lasten der Gesetzlichen Krankenversicherungen (GKV) ausgestellt. Ergänzen Sie die Tabelle – wie im Beispiel vorgegeben.

Hinweis: Die entstehende Übersicht durch die ausgefüllte Tabelle ist keine vollständige Liste!

Kostenträger der Krankenversicherung

Gesetzliche Krankenversicherung (GKV)		Sonstige Kostenträger (SKT)	Private Krankenversicherung (PKV)
1. Primärkassen	**2. Ersatzkassen**		
Allgemeine Ortskrankenkasse – AOK	Barmer	Berufsgenossenschaft – BG	Debeka

3b Bei einigen „Kassen-Rezepten" ist das Feld „Gebührfrei" angekreuzt. Was bedeutet dies?

3c Nennen Sie die **häufig vorkommenden** Voraussetzungen, die eine Befreiung von der Zuzahlung (nicht jedoch den Mehrkosten!) begründen.

© Deutscher Apotheker Verlag 2021

9

Aufgabe 4

Die in der Apotheke vorgelegten BtM-Rezepte bestehen aus zwei Teilen (Teil I und Teil II). Was geschieht mit den beiden Teilen, wenn es sich um ein …

4a … BtM-Rezept zu Lasten einer PKV (Privat-Rezept) handelt?

....

....

....

4b … BtM-Rezept zu Lasten einer GKV (Kassen-Rezept) handelt?

....

....

....

Aufgabe 5

Als nächstes nimmt sich PKA Janina die „normalen Rezepte" vor. Diese stammen aus der Rezeptsammelstelle, die die Schwanen-Apotheke gemeinsam mit der Fasanen-Apotheke im Industriegebiet unterhält. Alle verordneten Medikamente werden nachmittags durch einen Boten ausgeliefert. Die Rezeptformulare sehen so aus:

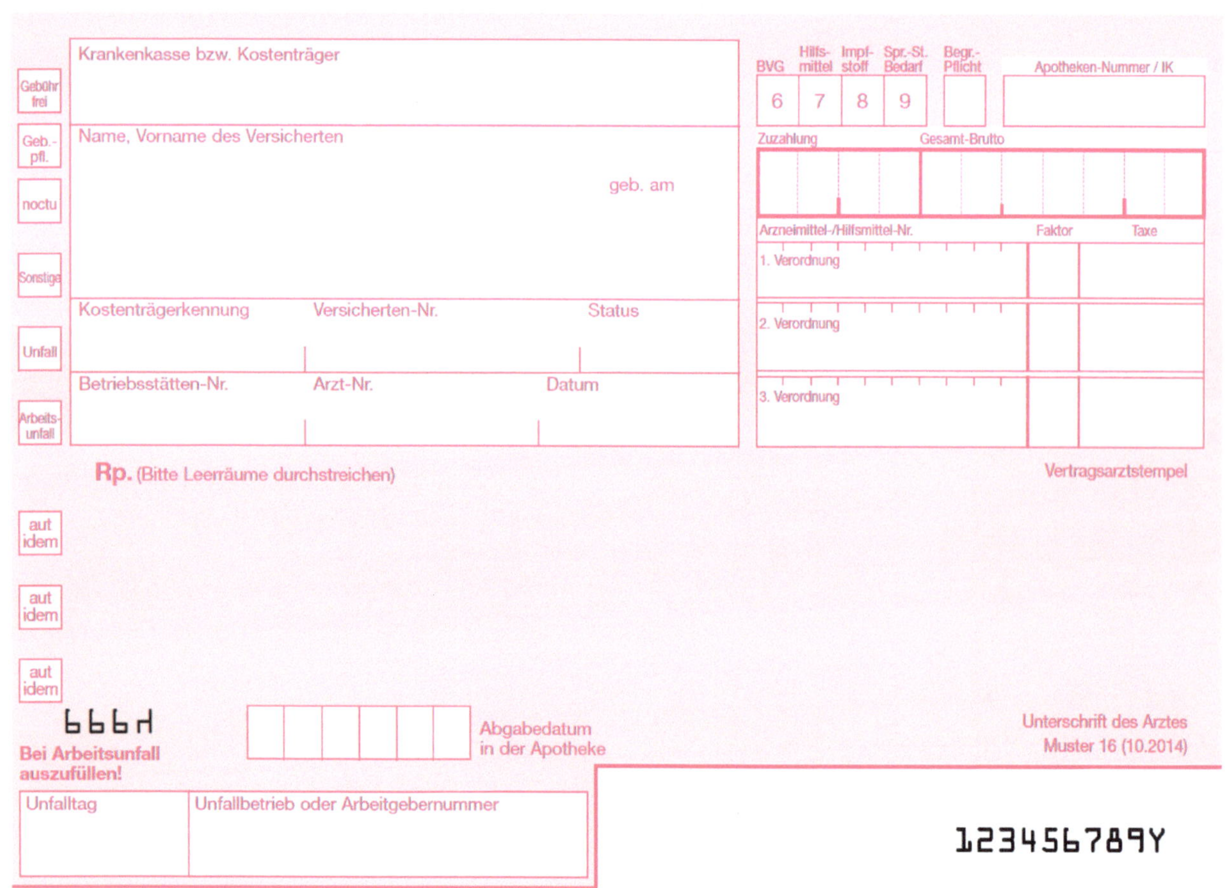

Gebühr frei
Geb.-pfl.
noctu
Sonstige
Unfall
Arbeits-unfall
Krankenkasse bzw. Kostenträger
Name, Vorname des Versicherten
geb. am
Kostenträgerkennung
Versicherten-Nr.
Status
Betriebsstätten-Nr.
Arzt-Nr.
Datum
BVG
Hilfs-mittel
Impf-stoff
Spr.-St. Bedarf
Begr.-Pflicht
Apotheken-Nummer / IK
6 7 8 9
Zuzahlung
Gesamt-Brutto
Arzneimittel-/Hilfsmittel-Nr.
Faktor
Taxe
1. Verordnung
2. Verordnung
3. Verordnung
Rp. (Bitte Leerräume durchstreichen)
Vertragsarztstempel
aut idem
aut idem
aut idem
6664
Bei Arbeitsunfall auszufüllen!
Abgabedatum in der Apotheke
Unterschrift des Arztes
Muster 16 (10.2014)
Unfalltag
Unfallbetrieb oder Arbeitgebernummer
123456789Y

© Deutscher Apotheker Verlag 2021

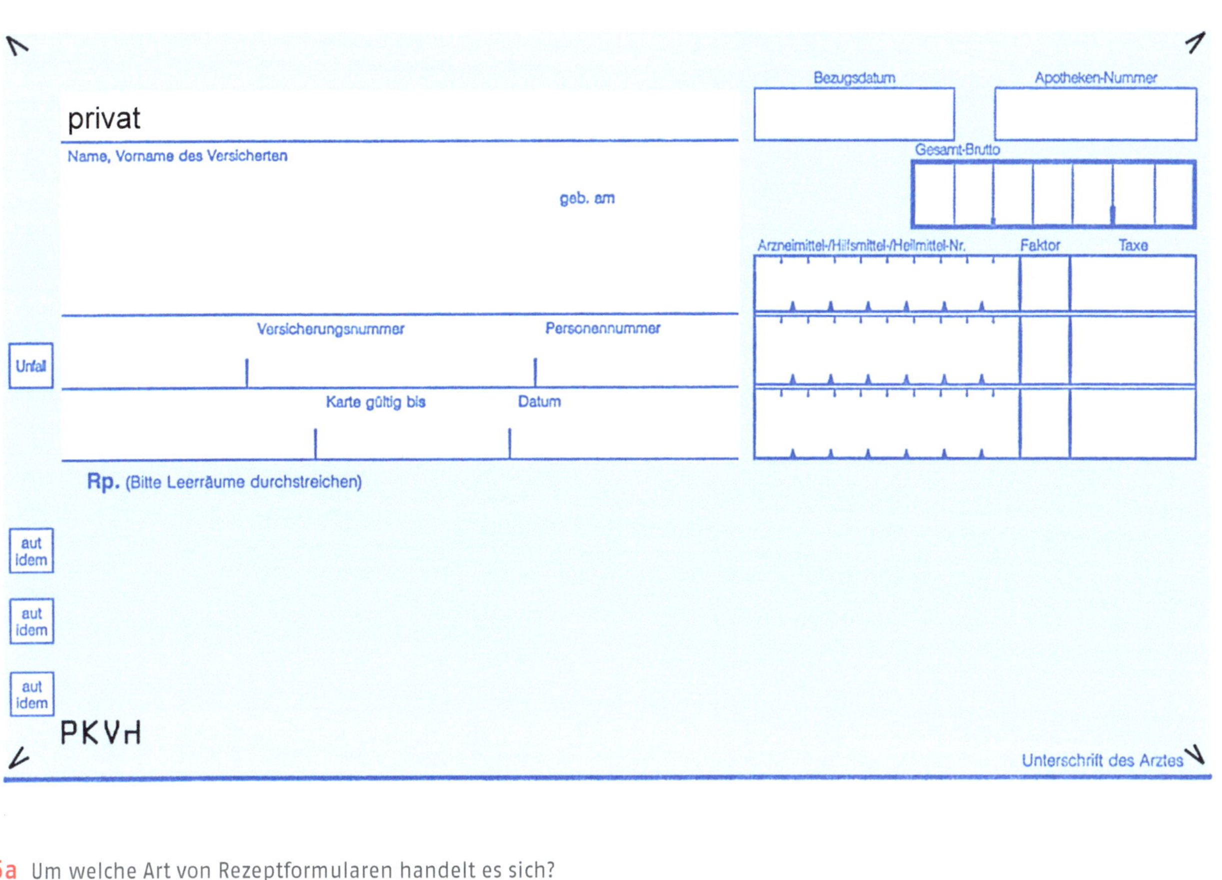
privat

Name, Vorname des Versicherten

geb. am

Versicherungsnummer

Personennummer

Unfall

Karte gültig bis

Datum

Bezugsdatum

Apotheken-Nummer

Gesamt-Brutto

Arzneimittel-/Hilfsmittel-/Heilmittel-Nr.

Faktor

Taxe

Rp. (Bitte Leerräume durchstreichen)

aut idem

aut idem

aut idem

PKVH

Unterschrift des Arztes

5a Um welche Art von Rezeptformularen handelt es sich?

5b Wie lange sind diese Rezepte gültig, das heißt, wie lange können sie in der Apotheke eingelöst werden?

9

© Deutscher Apotheker Verlag 2021

Aufgabe 6

Janina muss nun noch die Quittungen für alle „Schicker" ausdrucken. Die Berechnung der Zuzahlungen und Mehrkosten übernimmt der Computer. „Aber warum so unterschiedliche Beträge zustande kommen, sollte dem Kunden schon erklärt werden können", denkt sie. „Kein Wunder, dass das niemand mehr so richtig versteht ..."!
Wie viel müssen die folgenden, bei einer GKV versicherten, Kunden in der Apotheke bezahlen?

6a Herr Amrein – Status: Geb.-pfl.

- 1 Medikament für 12,45 €
- 1 Medikament für 54,20 €
- 1 Medikament für 102,30 €

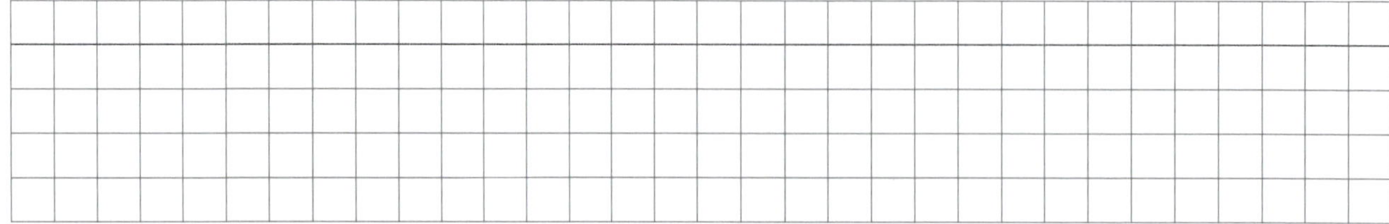

6b Frau Becker – Status: Geb.-pfl.

- 1 Medikament für 4,85 €

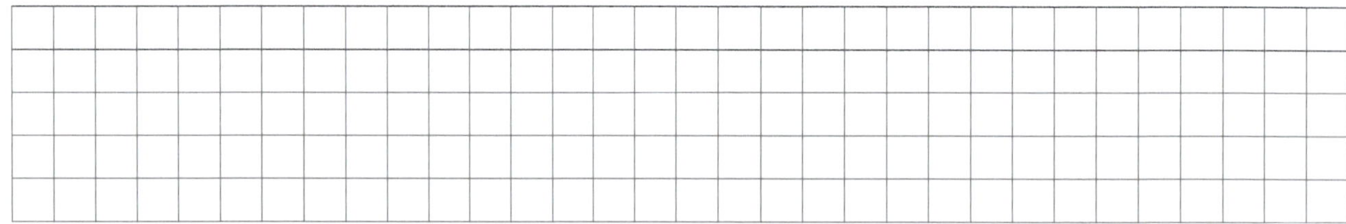

6c Herr Celik – Status: Geb.-pfl.

- 1 Medikament für 65,20 € [→ Festbetrag (FB): 55,85 €]

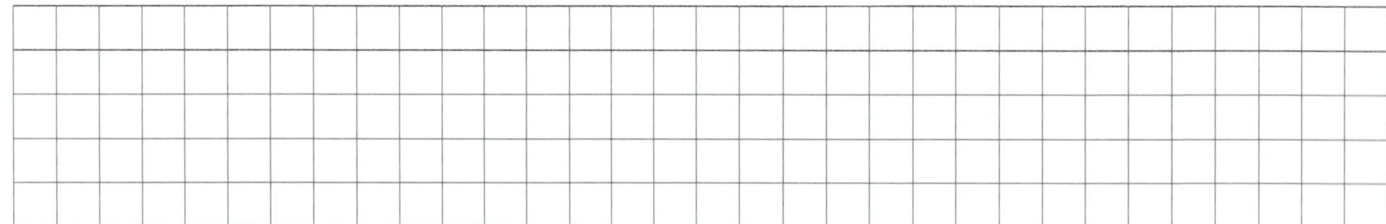

6d Frau Delarü – Status: Geb.-pfl.

- 1 Medikament für 23,75 € [→ AVP: 30 % geringer als FB]

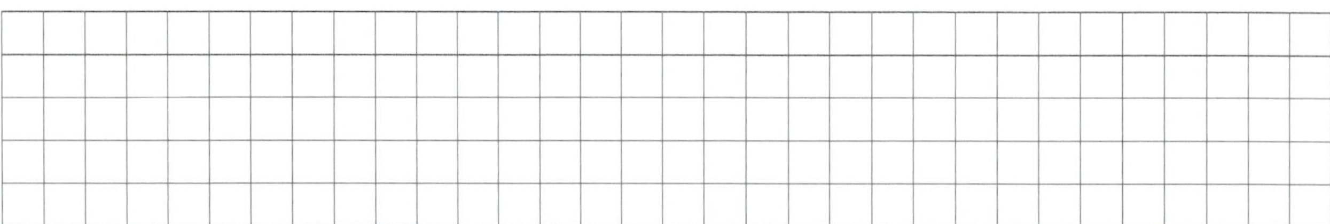

© Deutscher Apotheker Verlag 2021

6e Herr Ellermann – Status: Gebührfrei

- 1 Medikament für 45,65 € [→ Festbetrag: 39,15 €]

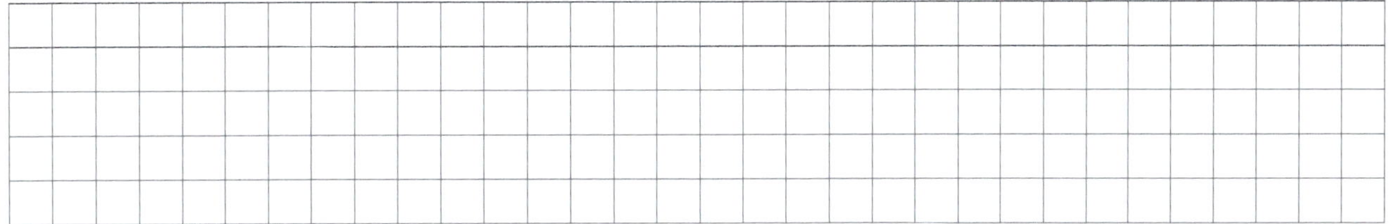

6f Frau El Abassi – Kostenträger: BG Nahrungsmittel und Gastgewerbe

- 1 Medikament für 15,95 € [→ Festbetrag: 15,00 €]

Aufgabe 7

In einigen wenigen Fällen verwenden Ärzte und Heilpraktiker noch lateinische Abkürzungen und Kurzworte in ihren Verordnungen. PKA Janina hat sich eine Liste der häufiger vorkommenden fachsprachlichen Bezeichnungen an ihre Pinnwand gehängt. Beantworten Sie die folgenden Fragen durch Ankreuzen.

7a Was bedeutet der Aufdruck **aut idem** auf dem Kassenrezeptformular?

A	Dosierung	☐
B	Eilig	☐
C	Für den Arzt	☐
D	Oder ein Gleiches	☐
E	Ohne Umverpackung	☐

7b Ist das Feld **noctu** auf dem Kassenrezeptformular angekreuzt, bedeutet dies, dass ...

A	... das Medikament nur in einer Nachtdienst habenden Apotheke gekauft werden kann.	☐
B	... das Medikament stets nachts eingenommen werden muss.	☐
C	... der Kunde beim Kauf eine Gebühr – den Notdienstzuschlag – bezahlen muss.	☐
D	... es sich um ein Schlafmittel handelt.	☐
E	... die Notdienstgebühr vom Kostenträger übernommen wird, sofern das Arzneimittel innerhalb des Notdienstes unverzüglich abgeholt wird.	☐

© Deutscher Apotheker Verlag 2021

7c Auf dem Privatrezept eines homöopathisch behandelnden Arztes steht Folgendes:

Cocculus D 6 Tabletten **Nr.** 200 – **S. dos.** 1–2 / **h.**
Nennen Sie die allgemeinverständlichen Bedeutungen der fettgedruckten Angaben.

1.	Nr.	
2.	S.	
3.	dos.	
4.	h.	

Aufgabe 8

Neben den üblichen Rezeptformularen liegen noch diese beiden auf Janinas Tisch: Ein T-Rezept-Formular und ein Grünes Rezept-Formular.

TEIL I für die Apotheke zur Verrechnung

Gebühr frei | Geb.-pfl. | noctu | Sonst.

Krankenkasse bzw. Kostenträger: mhplus BKK 00052

Name, Vorname des Versicherten: Gündogan Tarek, Poststraße 129, D 48577 Münchberg — geb. am 03.11.65

Kostenträgerkennung	Versicherten-Nr.	Status
108035612	5264002633	1

Betriebsstätten-Nr.	Arzt-Nr.	Datum
298304200	571500808	06.07.21

BVG | Apotheken-Nummer / IK | Zuzahlung | Gesamt-Brutto | Pharmazentralnummer | Faktor | Taxe | Verordnung

Rp. (Bitte Leerräume durchstreichen)

aut idem

Revlimid 2,5 mg HKP 21 St. N1

X Alle Sicherheitsbestimmungen gemäß der Fachinformation entsprechender Fertigarzneimittel werden eingehalten

X Dem/der Patient(in) wurde vor Beginn der Behandlung medizinisches Informationsmaterial gemäß den Anforderungen der Fachinformation entsprechender Fertigarzneimittel sowie die aktuelle Gebrauchsinformation des entsprechenden Fertigarzneimittels ausgehändigt

444 Abgabedatum in der Apotheke:

T-Rezeptnummer: T 0 1 2 3 4 5 6

X Behandlung erfolgt innerhalb der zugelassenen Anwendungsgebiete (In-Label)

☐ Behandlung erfolgt außerhalb der zugelassenen Anwendungsgebiete (Off-Label)

Arztstempel

Dr. med Walter Krentz
FA für Onkologie
Reseweg 24
48577 Münchberg
Tel.: 0201-1111-0
Fax: 0201-1111-1

Krentz

Unterschrift des Arztes

© Deutscher Apotheker Verlag 2021

privat

Name, Vorname des Versicherten

Gündogan
Tarek
Poststraße 129
D 48577 Münchberg

geb. am
03.11.65

Datum
06.07.21

Bezugsdatum

Apotheken-Nummer / IK

Gesamt-Brutto

Arzneimittel-/Hilfsmittel-/Heilmittel-Nr. | Faktor | Taxe

Rp. (Bitte Leerräume durchstreichen)

Phytohustil Hustenstiller Sirup 150 ml

Dr. med Walter Krentz
FA für Onkologie
Reseweg 24
48577 Münchberg
Tel.: 0201-1111-0
Fax: 0201-1111-1

Unterschrift des Arztes

8a Welche Medikamente müssen auf einem T-Rezept verordnet werden?

8b Begründen Sie die Notwendigkeit eines speziellen Rezeptformulars für diese Medikamente.

8c Nennen Sie die Besonderheiten dieses Rezeptformulars hinsichtlich

- Gültigkeitsdauer
- Aussehen
- Dokumentationspflicht

© Deutscher Apotheker Verlag 2021

Aufgabe 9

9a Welche Medikamente **können** auf einem Grünen Rezept-Formular „verordnet" werden?

9b Der Kunde Herr Gündogan ist erstaunt, dass er das Grüne Rezept – zusammen mit dem darauf „verordneten" Medikament – wieder zurückbekommt. Erklären Sie, was es mit diesem Rezeptformular „auf sich hat".

9c Wie lange ist ein Grünes Rezept gültig?

Aufgabe 10

„Hier ist noch Frau Schillings Rezept", sagt PTA Veronique. „Sie ist gerade aus dem Krankenhaus entlassen worden und braucht die Medikamente dringend". „Ach ja, ein so- genanntes Entlassrezept", denkt PKA Janina.
Welche Aussagen sind **falsch**? Antworten Sie durch Ankreuzen.

A	Auf einem Entlassrezept dürfen nur Arzneimittel verordnet werden.	☐
B	Auf einem Entlassrezept dürfen nur kleinste Packungsgrößen verordnet werden.	☐
C	Das Formular eines Entlassrezepts ist rosafarben und mit einem Querbalken über dem Personalienfeld als solches gekennzeichnet.	☐
D	Die Gültigkeit eines Entlassrezepts beträgt drei Werktage einschließlich des Ausstellungstags.	☐
E	Im Statusfeld eines Entlassrezepts steht die Ziffer 4.	☐
F	Rabattverträge gelten für Verordnungen auf einem Entlassrezept nicht.	☐

© Deutscher Apotheker Verlag 2021

Aufgabe 11

„Demnächst", so erklärt Veronique, „werden wir immer weniger Rezepte „in Papierform" sehen – Das E-Rezept kommt". „Wie funktioniert das eigentlich mit den elektronischen Rezepten?", will Janine wissen.
Ergänzen Sie den Lückentext mit den folgenden Begriffen.

Begriffe
abgescannt | Abrechnung | abrechnungsrelevanten | E-Rezept | Rezeptimage | online bestellen – persönlich abholen | QR-Code | Rabattvertrag | securPharm-System | Vor-Ort-Apotheke

Die Geschäftsfrau Frau Doberstein benötigt dringend ihr blutdrucksenkendes Arzneimittel. Sie ruft bei ihrem Hausarzt an und bittet um ein .... Wenig später erhält sie einen .... in ihrer Smartphone-App. Da ihre Stammapotheke mit der Möglichkeit, mittels „click & collect" einzukaufen, wirbt – das bedeutet: .... – sendet sie den QR-Code direkt an ihre .... Diese legt das Arzneimittel bereit. Als sie es kurz vor Ladenschluss abholt, wird sie von PTA Veronique bedient, die sofort weiß, was zu tun ist: Der QR-Code wird ...., auf dem Bildschirm am Kassenterminal der Apotheke erscheint das .... mit allen .... Angaben und natürlich dem verordneten Arzneimittel. PTA Veronique überprüft noch einmal, ob ein .... eingehalten werden muss und scannt die Packung, wobei gleichzeitig auch die Echtheit des Medikaments durch das .... überprüft wird. Nach einer kurzen Beratung erfolgt die Abgabe. Anschließend wird das E-Rezept zur .... freigegeben.

Aufgabe 12

Der Stammkunde Herr Guggendorf leidet an Asthma. Sein Pulmologe verordnet ihm ein in Deutschland nicht zugelassenes Medikament, ein Dosierspray, das nur in der Schweiz erhältlich ist. Welche der folgenden Aussagen sind richtig und welche sind falsch? Korrigieren Sie die falschen Aussagen in der Zeile darunter.

Hinweis: Die Schweiz gehört nicht zur Europäischen Union.

Aussage		Richtig	Falsch
A	Das Dosierspray kann nicht beschafft werden.	☐	☐
B	Für das Dosierspray muss eine ärztliche Verordnung vorliegen.	☐	☐
C	Mit der Beschaffung des Dosiersprays beauftragt die Apotheke in der Regel einen Arzneimittel-Importeur.	☐	☐
D	Der Patient muss einen verordneten Arzneimittel-Import grundsätzlich selbst bezahlen. Eine Kostenübernahme durch die Krankenversicherung ist nicht vorgesehen.	☐	☐
E	Die Apotheke ist verpflichtet, den Erwerb eines Arzneimittel-Imports zu dokumentieren → Kopie der Rechnung und Kopie der Verordnung.	☐	☐

© Deutscher Apotheker Verlag 2021

Aussage		Richtig	Falsch
F	Unvermeidbare Kosten der Beschaffung von Arzneimitteln kann die Apotheke, nach Zustimmung des Kostenträgers, gesondert berechnen.	☐	☐
G	Wegen des aufwändigen und länger dauernden Beschaffungsvorgangs empfiehlt es sich, mehrere Packungen gleichzeitig – auf Vorrat – zu bestellen.	☐	☐

Aufgabe 13

Im Zusammenhang mit Rezeptbelieferung, Rezeptabrechnung und Retaxationen hört PKA Janina immer wieder den Begriff Rabatt-Arzneimittel. „Das muss ich mir doch jetzt endlich 'mal genauer anschauen", denkt sie sich ...
Ergänzen Sie den Lückentext mit den folgenden Begriffen.

Begriffe
Austausch | aut idem | gekürzt | Rabattverträge | retaxieren

Seit mehreren Jahren schließen die Gesetzlichen Krankenversicherungen (GKV) mit den pharmazeutischen Herstellern sogenannte .... für inzwischen zahlreiche Medikamente ab. Die Apotheke ist aufgrund dessen verpflichtet, bei Vorlage einer ärztlichen Verordnung (Kassenrezept) dem Versicherten der jeweiligen Krankenkasse nur Arzneimittel gemäß der jeweiligen Rabattverträge abzugeben. Wenn der Arzt allerdings auf dem Rezept im Feld .... ein Kreuz gesetzt hat, darf für ein Arzneimittel, das ansonsten unter einen Rabattvertrag fällt, kein .... – keine Substitution – erfolgen. Die Krankenkassen reagieren bei Nichteinhalten der Rabattverträge sehr streng: Sie ...., das bedeutet, die Auszahlungsbeträge an die Apotheken werden ...., in vielen Fällen sogar „bis auf Null" (Nullretaxation). Es liegt also im Interesse der Apotheke, die Rabattverträge strikt einzuhalten, indem das Vorliegen eines entsprechenden Rabattvertrags überprüft und das verordnete Medikament konsequent gegen ein dem Rabattvertrag gemäßes ausgetauscht wird.

Aufgabe 14

„Und wenn wir schon dabei sind", meint PTA Veronique, „ was steckt denn hinter den folgenden Begriffen?"

- Arzneimittelpreisverordnung
- Hilfsmittel-Lieferverträge
- Rahmenvertrag – § 129 SGB (SGB → Sozialgesetzbuch)

14a Ergänzen Sie die Aussagen mit den genannten Begriffen.

a) Die Grundlage für die Lieferung und Berechnung ärztlicher Verordnungen zu Lasten der GKV bildet der ....
Er gilt bundeseinheitlich.

b) Die Preisberechnung verschreibungspflichtiger Fertigarzneimittel erfolgt gemäß der ....

c) Für die Preisberechnung zu Lasten einer GKV verordneter Hilfsmittel gelten die so- genannten ....

© Deutscher Apotheker Verlag 2021

14b Welches sind die Vertragspartner der Arzneimittel-Lieferverträge?

Aufgabe 15

Fordert eine GKV eine dem Apotheker/der Apothekerin zustehende Vergütung aus einer Rezeptbelieferung teilweise oder ganz zurück, spricht man von Retaxation. Gründe für eine Retaxation können sein:

A Verstoß gegen die Rabattverträge.
B Rezeptformular mit einem „Eselsohr".
C Nicht eingehaltene Formalien.
D Kunde will das verordnete Medikament nicht einnehmen und zerreißt das Rezept.
E Fehlende Erstattungsfähigkeit eines Hilfsmittels.

(1)	Nur A ist richtig.	☐
(2)	C und E sind richtig.	☐
(3)	Alle sind richtig.	☐
(4)	A, C und E sind richtig.	☐

Aufgabe 16

Die Kundin Frau Hadzimolovic hat seit Kurzem ein Stoma. Sie benötige jetzt regelmäßig Kolostomie-Beutel und weiteres Zubehör, sagt sie etwas bedrückt zu PTA Veronique. Sie legt ein Rezept vor, auf dem außer den Stoma-Beuteln noch ein Irrigator und eine Stomakappe verordnet sind.
Beantworten Sie die folgenden Fragen durch Ankreuzen.

16a Welche Aussage ist richtig? Um Hilfsmittel abgeben zu können, muss die Apotheke ...

A ein fünf Jahre gültiges entsprechendes Zertifikat vorweisen.
B eine sogenannte Präqualifikation (Eignung) nachweisen.
C für spezielle Hilfsmittel eine besondere Eignung besitzen.
D mit einem Sanitätshaus zusammenarbeiten.
E über einen Liefervertrag mit der jeweiligen GKV verfügen.

(1)	Nur D ist richtig.	☐
(2)	Alle sind richtig.	☐
(3)	A, C und E sind richtig.	☐
(4)	A, B, C und E sind richtig.	☐

9

© Deutscher Apotheker Verlag 2021

16b Welche Aussage ist richtig? Eine Hilfsmitteldatenbank erleichtert es, den Überblick zu behalten über ...

A die Abrechnungskonditionen.
B die erforderlichen Genehmigungspflichten.
C die in einem Monat zu Lasten der GKV verordneten Hilfsmittel.
D die laufenden Neuerungen.
E die zugrundeliegenden Lieferverträge.

(1)	A, B, D und E sind richtig.	☐
(2)	Alle sind richtig.	☐
(3)	B, C und D sind richtig.	☐
(4)	Nur E ist richtig.	☐

16c Ergänzen Sie die folgenden Aussagen mit den folgenden Begriffen.

Begriffe
€ | % | Diagnose | Einzelgenehmigung | elektronische Kostenvoranschlagsverfahren | Empfang | Festbeträge | Hilfsmittelpositionsnummer | Inkontinenzprodukte

a) Viele GKV verlangen für höherpreisige Hilfsmittel eine ....

b) Für genehmigungspflichtige Hilfsmittel bietet sich das .... an.

c) Als Voraussetzung für die Erstattung müssen Hilfsmittel im Hilfsmittelverzeichnis mit der zehnstelligen .... versehen sein.

d) Für die Preise von Hilfsmitteln zur Kompressionstherapie gelten .... Werden diese überschritten, muss der Kunde die Mehrkosten zahlen.

e) Die Kostenübernahme für .... ist auf einen bestimmten Betrag pro Monat begrenzt.

f) Auf der Rückseite des Hilfsmittel-Rezepts muss der Kunde den .... des Hilfsmittels bestätigen.

g) Der Arzt ist verpflichtet, die .... auf dem Hilfsmittel-Rezept zu vermerken.

h) Die Zuzahlung für Hilfsmittel beträgt 10 .... vom jeweiligen AVP. Bei Hilfsmitteln, die verbraucht werden, ist die Zuzahlung auf 10 .... pro Monat begrenzt.

Aufgabe 17

Der junge Herr von Ilbendorf ist gerade zum ersten Mal Vater geworden. Aufgeregt kommt er in seiner Mittagspause in die Schwanen-Apotheke, um sich nach einer Milchpumpe zu erkundigen. Seine Frau habe entzündete Brustwarzen und könne im Moment nicht stillen, berichtet er. „Also, ich soll eine elektrische Milchpumpe ausleihen", hat mir meine Frau aufgetragen. „Geht das überhaupt?", fragt er ungläubig. PKA Janina erklärt, wie der Milchpumpenverleih funktioniert ...

17a **Ohne** ärztliche Verordnung:

....

....

....

© Deutscher Apotheker Verlag 2021

17b **Mit** einer ärztlichen Verordnung:

17c Im Internet sind beispielhafte „Mietverträge" für den Milchpumpenverleih zu finden. Erstellen Sie einen solchen Vertrag für Ihre Apotheke.

Aufgabe 18

Und jetzt zum Sprechstundenbedarf ...

18a Was versteht man unter dem Begriff „Sprechstundenbedarf"?

18b Wie bestellt der Arzt den Sprechstundenbedarf?

18c Sind für den Sprechstundenbedarf **Zuzahlungen** und/oder **Mehrkosten** zu leisten?

© Deutscher Apotheker Verlag 2021

Aufgabe 19

PKA Janina will eine Checkliste für das „Vorbereiten der Kassenrezepte für die Abrechnung" erstellen. Welche Schritte sollte die Liste in jedem Fall beinhalten?

Schritt	✓
1.	☐
2.	☐
3.	☐
4.	☐
5.	☐
6.	☐
7.	☐

Aufgabe 20

Was geschieht mit den Rezepten, wenn diese beliefert worden sind? Ergänzen Sie den Lückentext mit den folgenden Begriffen.

Begriffe
Abrechnungsgebühr | Abrechnungsgelder | addieren | Apothekenrechenzentren | Datenschutz | Dienstleistungsunternehmen | direkt | E-Rezept | gewogen | Hochleistungsscanners | Image-Processing | Kostenträger | Versandschein | versichert | vorsortiert | zählen | zur Erstattung

Damit der Apothekenleiter das ihm zustehende Geld für die Rezeptbelieferung rechtzeitig erhält, haben die Apotheker die .... eingerichtet, z. B. das ARZ Darmstadt oder Dr. Güldner Stuttgart. Es handelt sich um .... , die für den Apothekenleiter die Abrechnung mit den Krankenkassen vornehmen. Die .... orientiert sich an der abgerechneten Rezeptsumme und beträgt ca. 0,2 bis 0,3 %. Die .... werden so rechtzeitig gezahlt, dass die monatlich fälligen Großhandelsrechnungen termingerecht beglichen werden können. Die Rezepte werden dann an die .... versandt. In der Regel müssen die Rezepte von der Apotheke nicht .... werden. Nur Rezepte, die einen höheren Wert als 1000 € haben, sollten extra oben auf den Stapel gelegt werden. Die Rezepte werden .... , zu einem Paket zusammengepackt und mit einem ausgefüllten .... versehen. Sicherheitshalber .... manche Apotheken die Rezepte und .... die Rezeptsummen auf. Im Rechenzentrum wird die Technik des .... eingesetzt: Die Rezepte werden mithilfe eines .... in ein digitales Abbild umgewandelt, gespeichert und nach den jeweiligen Krankenkassen sortiert. Jede Apotheke erhält eine genaue Aufstellung über die betreffenden Kostenträger, die Beträge, die Zuzahlungen sowie den Kassenrabatt. Alle Arbeitsvorgänge unterliegen dem .... Die Rezepte sind umfassend .... Privatrezepte werden mit den Patienten .... abgerechnet. Dabei geht der Patient zunächst in Vorleistung und reicht das Rezept anschließend .... bei seiner Krankenversicherung ein. Liegt ein .... vor, kann dieses direkt nach der Abgabe zur Abrechnung freigegeben werden.

© Deutscher Apotheker Verlag 2021

Aufgabe 21

Zahlreiche der folgenden fachsprachlichen Begriffe aus dem Lateinischen und Griechischen hat PKA Janina schon gehört und gelesen. Ergänzen Sie die Aussagen mit den korrekten fachsprachlichen Begriffen.

Hinweis: Nicht alle Begriffe können verwendet werden.

Begriffe
Anamnese | Applikation | Chemotherapie | Compliance | Dekubitus | Demenz | Diagnose | Hämatom | Infusion | Indikation | Inkontinenz | Inkubationszeit | Interaktion | Karzinom | Konsultation | Kontraindikation | letale Dosis | Maximaldosis | Melanom | Osteoporose | Palliativmedizin | pathogene | Placebo | Prognose | Prophylaxe | Resorption | Resistenz | Rekonvaleszenz | Substitution | Symptome | Transfusion | Transplantation

a) Als .... wird die Verabreichung eines Arzneimittels bezeichnet; dies kann oral, rektal, parenteral oder lokal erfolgen.

b) Die Bereitschaft eines Patienten zur Zusammenarbeit mit dem Arzt und zur Mitarbeit bei diagnostischen oder therapeutischen Maßnahmen wird .... genannt.

c) Verändert sich über Monate bis Jahre das Gehirn mit schrittweise einhergehendem Verlust von früheren erworbenen kognitiven Fähigkeiten, so ist dies ....

d) Die fachsprachliche Bezeichnung für einen Bluterguss ist ....

e) Mit .... wird eine gestörte Funktion der Harnblase oder des Enddarms mit unwillkürlichem Harn- oder Stuhlabgang bezeichnet.

f) Die Zeit zwischen der Ansteckung bis zum Ausbruch der ersten Symptome einer Infektionskrankheit ist die ....

g) Die fachsprachliche Bezeichnung für einen bösartigen Tumor ist ....

h) Führt die verabreichte Menge eines Arzneimittels innerhalb eines bestimmten Zeitraums zum Tod, so wurde die .... verabreicht.

i) Mit .... wird die Erkrankung des Skelettsystems mit Verlust oder Verminderung von Knochensubstanz und -struktur sowie erhöhter Bruchgefahr bezeichnet.

j) Eine weit fortgeschrittene, nicht mehr auf Heilung ausgerichtete Maßnahmen ansprechende Erkrankung kann mittels .... behandelt werden, z. B. durch Schmerzlinderung.

k) Die Widerstandsfähigkeit eines Organismus gegenüber Infektionen und Giften wird .... genannt.

l) Verbietet sich die Anwendung eines therapeutischen Verfahrens bei an sich gegebener Notwendigkeit aus einem bestimmten Umstand, ist dies eine ....

m) Die allgemeine und in vielen Wissenschaftsbereichen gebräuchliche fachsprachliche Bezeichnung für „Ersatz" lautet ....

n) Als .... wird im medizinisch-klinischen Sprachgebrauch die Voraussicht auf den möglichen Krankheitsverlauf und die Heilungsaussicht bezeichnet.

o) Krankmachende oder krankheitserregende Mikroorganismen sind .... Mikroorganismen.

p) Wird eine pharmakologisch unwirksame Substanz in Form einer anwendbaren Arzneiform zubereitet, handelt es sich um ein ....

9

© Deutscher Apotheker Verlag 2021

Lernfeld 10: Bei der Herstellung und Prüfung von Arzneimitteln mitwirken

In der Neuen Stadt-Apotheke werden täglich zahlreiche Rezepturen hergestellt – vor allem halbfeste Zubereitungen wie Salben, Cremes und Pasten. Der in unmittelbarer Nähe praktizierende Dermatologe hat sich auf die Behandlung mit individuellen Rezepturen spezialisiert. Für die Herstellung hält die Neue Stadt-Apotheke zahlreiche Ausgangsstoffe – Salbengrundlagen, Wirk- und Hilfsstoffe – bereit. Außerdem wird in der Apotheke eine Creme zur Behandlung von Neurodermitis als Defektur hergestellt. PKA Emely unterstützt die beiden PTA Caroline und Tugba in der Rezeptur, sie hilft beim Abfassen der Zubereitungen, schreibt Etiketten und berechnet die Abgabepreise.

Aufgabe 1

Welche der folgenden Aufgaben darf die PKA nicht ausführen? Antworten Sie durch Ankreuzen.

A	Das Abfüllen der Arzneiform in das Abgabegefäß	☐
B	Das Bereitstellen der Geräte für die Herstellung der Rezeptur	☐
C	Das Einwiegen der Inhaltsstoffe für die Rezeptur	☐
D	Die Anfertigung des Etiketts für das Abgabegefäß	☐
E	Die Reinigung und Desinfektion des Arbeitsbereichs vor Beginn der Herstellung	☐

Aufgabe 2

PKA Emely darf die beiden PTA bei der Arzneimittelherstellung und -prüfung unterstützen. Welche Aussage ist falsch und welche ist richtig? Korrigieren Sie die falschen Aussagen in der Zeile darunter.

Aussage		Richtig	Falsch
A	Das Umfüllen einschließlich Abfüllen und Abpacken oder Kennzeichnen von Arzneimitteln darf unter Aufsicht eines Apothekers auch durch eine PKA ausgeführt werden.	☐	☐
B	Die PKA unterstützt das pharmazeutische Personal [...] bei der Vorbereitung der Arzneimittel zur Abgabe, durch Bedienung, Pflege und Instandhaltung der Arbeitsgeräte sowie beim Abfüllen und Abpacken oder Kennzeichnen der Arzneimittel.	☐	☐
C	Die PKA wird häufig zum Abfassen eingesetzt. Ein typischer Defekturauftrag lautet: Fünf Packungen Kamillenblüten zu je 100 g in einen Teebeutel abzufüllen und zu beschriften.	☐	☐
D	Die Überwachungsarbeiten in Gang befindlicher Apparaturen sowie die Pflege und Reinigung der Gerätschaften dürfen von einer PKA nicht durchgeführt werden.	☐	☐
E	Die Mithilfe bei der Prüfung von Ausgangsstoffen ist einer PKA nicht erlaubt.	☐	☐

© Deutscher Apotheker Verlag 2021

Aufgabe 3

Die Prüfung eines Ausgangsstoffs wird in Form eines Prüfprotokolls dokumentiert. Das Formular kann PKA Emely schon vorbereitend teilweise ausfüllen. Welche Angaben darf sie eintragen, welche Angaben müssen von der PTA bzw. dem Apotheker gemacht werden?

Angabe im Prüfprotokoll		PKA	PTA	Apotheker
A	Bezeichnung des Stoffs	☐	☐	☐
B	Lieferdatum	☐	☐	☐
C	Lieferant	☐	☐	☐
D	Menge	☐	☐	☐
E	Chargenbezeichnung	☐	☐	☐
F	Prüfzertifikat	☐	☐	☐
G	Prüfende Person	☐	☐	☐
H	Prüfdatum	☐	☐	☐
I	Prüfvorschrift	☐	☐	☐
J	Prüfungsergebnis	☐	☐	☐
K	Freigabe	☐	☐	☐

Aufgabe 4

Bevor PTA Caroline mit der Rezeptur beginnen kann, muss PTA Tugba noch einen am Vortag gelieferten Ausgangsstoff prüfen. Welche Aussage dazu ist richtig? Beantworten Sie die folgenden Fragen durch Ankreuzen.

4a Die noch zu prüfenden Ausgangsstoffe befinden sich vorschriftsmäßig ...

A	auf dem Arbeitstisch im Labor.	☐
B	im Büro des Apothekenleiters.	☐
C	im Quarantänebereich.	☐
D	im Tresor.	☐
E	in der Rezeptur.	☐

10

4b Bei Bezug eines Ausgangsstoffs, der bereits außerhalb der Apotheke geprüft worden ist, muss in der Apotheke mindestens ...

A	das Aussehen und der Geruch begutachtet werden.	☐
B	der Geschmack getestet werden.	☐
C	die Identität geprüft werden.	☐
D	die Menge nachgewogen werden.	☐
E	die Unversehrtheit der Umverpackung kontrolliert werden.	☐

© Deutscher Apotheker Verlag 2021

4c Die Prüfung eines Ausgangsstoffs in der Apotheke erfolgt ...

A	ausschließlich durch den Apothekenleiter/die Apothekenleiterin.	☐
B	durch pharmazeutisches Personal unterstützt durch nicht-pharmazeutisches Personal.	☐
C	lediglich in Ausnahmefällen, wenn Bedenken hinsichtlich der Qualität bestehen.	☐
D	nur als Identitätsnachweis, sofern ein externes, umfassendes Prüfzertifikat vorliegt.	☐
E	stets als vollständige Prüfung gemäß Prüfvorschrift.	☐
F	zunächst **immer** durch das Zentrallaboratorium Deutscher Apotheker.	☐

4d Die Prüfung eines Ausgangsstoffs geschieht nach der entsprechenden Vorschrift in ...
A: dem Deutschen Arzneibuch (DAB).
B: dem Deutschen Arzneicodex (DAC).
C: dem Europäischen Arzneibuch (EuAB).
D: der Hilfsmitteltaxe.
E: der Roten Liste.

Antwortmöglichkeiten		
(1)	Nur A ist richtig.	☐
(2)	Nur C ist richtig.	☐
(3)	D und E sind richtig.	☐
(4)	A, B und C sind richtig.	☐

4e Die durchgeführte Prüfung ist in Form eines Prüfprotokolls zu dokumentieren. Die Freigabe des geprüften Stoffs erfolgt durch die Unterschrift ...

A	der Person, die die Prüfung durchgeführt hat.	☐
B	des Apothekers/der Apothekerin.	☐
C	dreier Personen – der des Durchführenden und der zweier Zeugen.	☐
D	einem Mitglied des Apothekenpersonals.	☐
E	einer Person des pharmazeutischen Personals.	☐

4f Wodurch ist ein Ausgangsstoff als „von der Apotheke geprüft" erkennbar? Durch ...

A	das Namenszeichen der verantwortlichen PTA auf der Verpackung.	☐
B	das Öffnen und Wiederverschließen der Originalverpackung.	☐
C	das Umfüllen und Aufbewahren in einem Apothekenstandgefäß.	☐
D	den Apothekenstempel.	☐
E	eine geeignete Kennzeichnung der geprüften Ware.	☐

© Deutscher Apotheker Verlag 2021

4g Wenn bei der Prüfung von Ausgangsstoffen Qualitätsmängel entdeckt werden, dann muss dies gemeldet werden. Die Meldung erfolgt …

A	an alle umliegenden Apotheken.	☐
B	an die Arzneimittelkommission (AMK).	☐
C	an die zuständige Apothekerkammer.	☐
D	an die zuständige Überwachungsbehörde.	☐
E	zunächst an den Hersteller.	☐
F	zunächst an den Lieferanten.	☐

Aufgabe 5

Für die Prüfung von Ausgangsstoffen verwendet PTA Tugba verschiedene Laborgeräte.

5a Benennen Sie diese (Bezeichnung → N).

5b Geben Sie die jeweilige Verwendung (Verwendung → V) an.

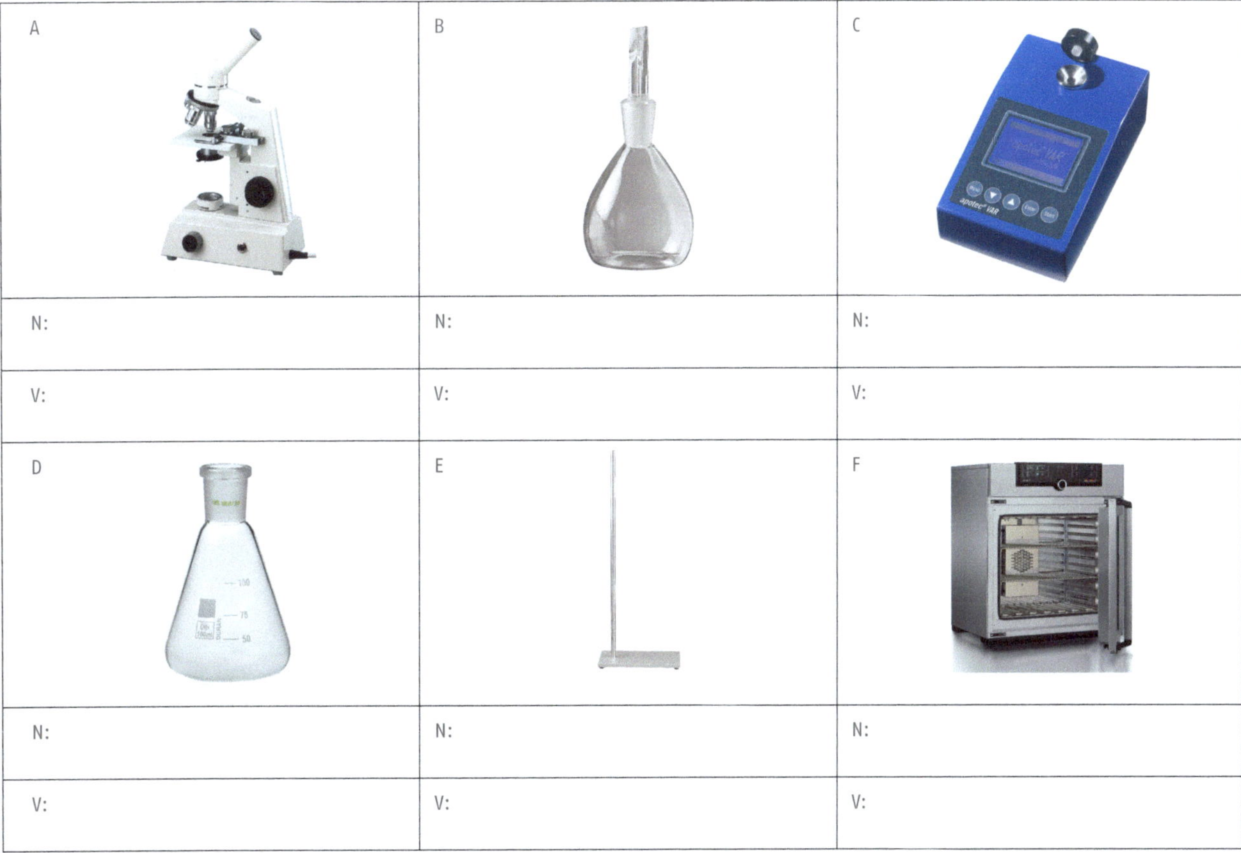

A	B	C
N:	N:	N:
V:	V:	V:
D	**E**	**F**
N:	N:	N:
V:	V:	V:

© Deutscher Apotheker Verlag 2021

G	H	I
N:	N:	N:
V:	V:	V:
J	K	L
N:	N:	N:
V:	V:	V:
M	N	O
N:	N:	N:
V:	V:	V:
P	Q	R
N:	N:	N:
V:	V:	V:
S	T	
N:	N:	
V:	V:	

[Abbildungen: WEPA Apothekenbedarf GmbH]

© Deutscher Apotheker Verlag 2021

Aufgabe 6

„Jetzt kann es also losgehen", sagt PTA Caroline zu PKA Emely. „Wir arbeiten, wenn möglich, immer nach dem **Vier-Augen-Prinzip**, denn Du und ich, wir sehen zusammen eher einen möglichen Fehler als ich alleine."
Ergänzen Sie die Aussage mit den **fett** gedruckten Begriffen richtig, indem Sie die jeweils falschen Begriffe durchstreichen.

a) Die Prüfung auf Plausibilität ist von **einer Apothekerin/der herstellenden Person (z. B. einen PTA)** durchzuführen und zu dokumentieren.
b) Liegt keine standardisierte Herstellungsvorschrift vor, muss die Herstellung einer Rezeptur **abgelehnt werden/nach einer selbst festgelegten Anweisung angefertigt werden**.
c) Die Vorbereitung des Arbeitsplatzes – Durchführung von Hygienemaßnahmen sowie Bereitstellung der Materialien und Packmittel – ist eine **pharmazeutische/nicht-pharmazeutische** Tätigkeit. Diese kann **nur durch eine PTA oder einen Apotheker/von einer PKA** ausgeführt werden.
d) Die Herstellung und Prüfung eines Rezepturarzneimittels **muss/muss nicht** dokumentiert werden. Die Freigabe erfolgt durch **die herstellende Person/eine Apothekerin**.

Aufgabe 7

„75 Kruken unserer Neurodermitis-Creme sollen heute auch noch hergestellt werden", verkündet PTA Tugba. „Das ist dann eine sogenannte Defektur", erklärt sie der staunenden Emely. Und worum es sich dabei handelt, erfährt diese im folgenden Text.
Ergänzen Sie den Lückentext mit den folgenden Begriffen.

Begriffe
100er | Apotheker | Herstellungsanweisung | Herstellungsprotokoll | Inprozess | Prüf- | Standardzulassungen | Vorrat

Die Defektur ist die Herstellung von Arzneimitteln auf .... Es werden unterschieden:

1. Herstellung von Fertigarzneimitteln **ohne Zulassung** → verlängerte Rezepturen nach der ....-Regelung und
2. Herstellung von Fertigarzneimitteln **mit Zulassung** → .... , z. B. für Hausspezialitäten.

Auch für Defekturen ist eine schriftliche .... zu erstellen und von einem .... durch Unterschrift zu genehmigen, sofern es sich dabei nicht um eine NRF-Vorschrift oder eine Standardzulassung handelt. Die ordnungsgemäße Durchführung muss in einem .... dokumentiert und von einem Apotheker freigegeben werden. Die Herstellung erfordert die Kontrolle von Zwischenschritten, die sogenannte ....-Kontrolle. Für die Qualitätsprüfung ist eine Prüfanweisung zu erstellen. Das Herstellungs- und das ....protokoll gewährleisten eine lückenlose Dokumentation des Herstellungsvorgangs.

10

© Deutscher Apotheker Verlag 2021

Aufgabe 8

Um jeweils welches Rezepturgerät handelt es sich auf den folgenden Abbildungen?

8a Benennen Sie diese (Bezeichnung → N).

8b Geben Sie die jeweilige Verwendung (Verwendung → V) an.

A 	B 	C 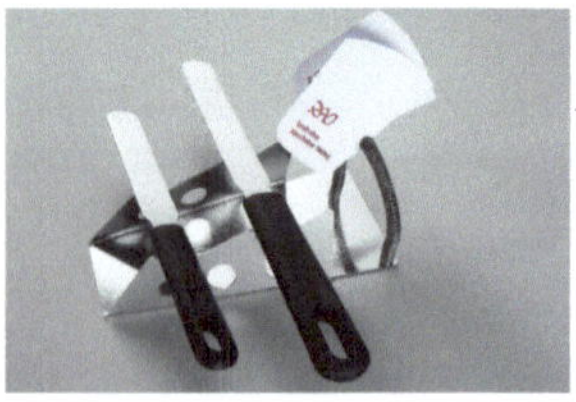
N:	N:	N:
V:	V:	V:
D 	E 	F 
N:	N:	N:
V:	V:	V:
G 	H 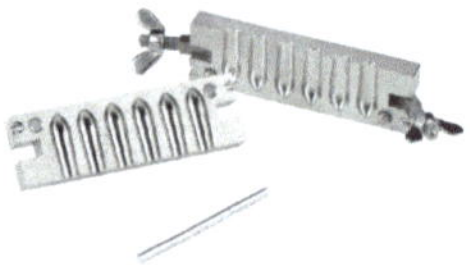	I 
N:	N:	N:
V:	V:	V:
J 	K 	L 
N:	N:	N:
V:	V:	V:
M 		
N:		
V:		

[Abbildungen: WEPA Apothekenbedarf GmbH]

© Deutscher Apotheker Verlag 2021

Aufgabe 9

PKA Emely stellt fest, dass die Abgabegefäße zur Neige gehen und beschließt, die Schubladen mit den Beständen aus dem Übervorrat aufzufüllen. Abgabegefäße werden als Primärpackmittel bezeichnet.

9a Wozu dienen Primärpackmittel?

9b Wie wird die ordnungsgemäße Qualität der Primärpackmittel sichergestellt?

9c Inwieweit kann die PKA bei der Prüfung von Primärpackmitteln unterstützend tätig sein?

© Deutscher Apotheker Verlag 2021

Aufgabe 10

Die Neue Stadt-Apotheke hält eine Grundausstattung an Abgabegefäßen (Primärpackmitteln) vorrätig.

10a+b Benennen Sie diese (Bezeichnung → N) und geben Sie die jeweilige Verwendung (Verwendung → V) an.

A	B	E
N:	N:	
V:	V:	
C	D	
N:	N:	N:
V:	V:	V:
F	G	H
N:	N:	N:
V:	V:	V:
I	J	K
N:	N:	N:
V:	V:	V:

[Abbildungen: WEPA Apothekenbedarf GmbH]

© Deutscher Apotheker Verlag 2021

10c Die Kennzeichnung des Abgabebehältnisses unterliegt gesetzlichen Vorgaben. Vorgeschrieben sind folgende Angaben. Ergänzen Sie die fehlenden Buchstaben und nennen Sie den jeweiligen Begriff.

A	A _ WEN _ UNGS _ RT	→
B	BES _ NDE _ E HIN _ EISE	→
C	_ EBRAUCHS _ N _ EISUNG	→
D	GE _ AM _ _ ENGE	→
E	HER _ TELLUN _ S _ ATUM	→
F	L _ GER _ NGS _ INWEISE	→
G	Name des P _ TI _ NT _ N	→ Name des
H	Name und A _ SCH _ IFT der _ POTHEKE	→ Name und
I	VERWEND _ A _ KEITS _ RIST	→
J	_ IRK- und _ ILFS _ TOFFE	→

Aufgabe 11

11a In einigen, allerdings wenigen, Fällen werden auf Rezepten noch fachsprachliche (lateinische) Abkürzungen und Kurzworte verwendet. Welche allgemeinverständliche Bedeutung haben jeweils die folgenden Abkürzungen?

Abkürzung/ Kurzwort	Fachsprachlich	Bedeutung – allgemeinverständlich
aa	ana partes aequales	
aa ad	ana partes aequales ad	
anhydr.	anhydricus	
Aq.	aqua	
Aq. dem.	aqua demineralisata	
Aq. dest.	aqua destillata	
Aq. purif.	aqua purificata	
aquos.	aquosus	
dil.	dilutus	
dos.	dosis	
gtt.	gutta	
liquid.	liquidus	
m.f. ungt.	misce fiat unguentum	
Nr.	numero	
plv.	pulvis	
pro inf.	pro infantibus	
q.s.	quantum satis	
S.	signa	

10

© Deutscher Apotheker Verlag 2021

Abkürzung/ Kurzwort	Fachsprachlich	Bedeutung – allgemeinverständlich
supp.	suppositorium	
susp.	suspensio	
tbl.	tabuletta	
tinct.	tinctura	
ungt.	unguentum	

11b Welche Bedeutung haben die fachsprachlichen – **fett** gedruckten – Abkürzungen in den folgenden Rezepturanweisungen?

Der fachsprachliche Begriff in der Rezeptur			bedeutet ...
A	Stoff 1		
	Stoff 2	**aa** 5,0 g	
	Grundlage	40,0 g	
B	Stoff 1	5,0 g	
	Stoff 2	5,0 g	
	Grundlage	**ad** 50,0 g	
C	Stoff	5,0 g	
	Grundlage 1		
	Grundlage 2	**aa ad** 50,0 g	
D	Stoff	1,0 g	
	Aq. dest.	**q.s.**	
	Grundlage	ad 20,0 g	
E	Stoff 1	1,0 g	
	Stoff 2	2,0 g	
	Grundlage	97,0 g	
	M.f. ungt.		
F	Stoff	0,25 g	
	Hartfett	**q.s.**	
	M.f. supp. Nr. 20 S. pro inf.		
G	Stoff	0,02 g	
	Milchzucker	**q.s.**	
	M.f. caps. Nr. 50 S. dos. morgens 1		
H	Adeps lanae **anhydr.**	100,0 g	
I	Ungt. emul. **aquos.**	100,0 g	
J	Ethanolum **dil.** – 70 %	100,0 ml	

© Deutscher Apotheker Verlag 2021

Beantworten Sie die folgenden Fragen durch Ankreuzen.

11c Ein Hautarzt hat folgende Rezeptur verordnet.

Rezeptur

Salicylsäure	
Lauromacrogol 400	aa 5,0 g
Rizinusöl	
Olivenöl	aa 25,0 g
Weiße Vaseline	90,0 g

Wie viel Gramm Salbe sind herzustellen?

A	90 g	☐
B	70 g	☐
C	60 g	☐
D	150 g	☐
E	120 g	☐

11d Ein Heilpraktiker empfiehlt folgende Teemischung bei Erkältungsbeschwerden.

Teemischung

Hagebuttenfrüchte	
Hibiskusblüten	
Holunderblüten	
Lindenblüten	aa ad 120 g

Wie viel Gramm sind von jeder Teesorte einzuwiegen?

A	12 g	☐
B	120 g	☐
C	3 × 25 g und 1 × 45 g	☐
D	30 g	☐
E	40 g	☐

11e Welche Angaben **im Anschluss an eine Rezepturverordnung** sind Handlungsanweisungen für den Herstellenden?

A	aqua dem.	☐
B	Supp.	☐
C	gtt.	☐
D	m. f.	☐
E	S.	☐
F	ungt.	☐

10

© Deutscher Apotheker Verlag 2021

11f Welche der folgenden Abkürzungen bezeichnet **keine** Arzneiform?

A	ungt.	☐
B	tbl.	☐
C	susp.	☐
D	supp.	☐
E	dos.	☐

11g Die fachsprachliche Bezeichnung für **wasserfrei** lautet ...

A	anhydricus	☐
B	aqua purificata	☐
C	aquosus	☐
D	liquidus	☐
E	pulvis	☐

11h Auf welche Wasserart trifft folgende Definition **genau** zu? „Es wird aus Trinkwasser durch Ionenaustausch gewonnen. Es enthält keine Salze."

A	aqua ad iniectabilia	☐
B	aqua demineralisata	☐
C	aqua destillata	☐
D	aqua fontana	☐
E	aqua purificata	☐

11i Ergänzen Sie die fachsprachlichen (lateinischen) Bezeichnungen der beiden Stoffe um den jeweils **fett** gedruckten Teil.

a) Wasserstoffperoxid-**Lösung**-3 % → Hydrogenii peroxidum .... -3 %

b) **Verdünnter** Isopropanol-70 % → Alcoholum isopropylicum .... -70 %

© Deutscher Apotheker Verlag 2021

Aufgabe 12

PKA Emely und PTA Tugba stellen sogenannte Verdünnungen her.

Hinweis: Die Dichte der jeweiligen Flüssigkeiten ist in den Berechnungen nicht zu berücksichtigen.

12a Die Zahnarztpraxis Dr. Meusel benötigt 300 ml Isopropanol-70 %. Vorrätig ist Isopropanol-100 %. Wie viele **Milliliter** davon müssen mit Wasser gemischt werden, um die gewünschte Konzentration zu erhalten? Rechnen Sie mit Hilfe des Mischungskreuzes!

12b Die Hautarztpraxis Dr. Becker hat 3 Flaschen zu je 500 ml Wasserstoffperoxid-3 % bestellt. Dazu wird Wasserstoffperoxid-30 % mit Wasser gemischt. Wie viele **Milliliter** werden von den beiden Flüssigkeiten benötigt? Rechnen Sie mit Hilfe des Mischungskreuzes!

12c Schließlich sollen fürs Apothekenlabor noch 50 ml Ammoniak-5 % aus dem vorrätigen Ammoniak-25 % durch Verdünnen herstellen werden. Wie viele **Milliliter** Ammoniak-25 % werden benötigt? Rechnen Sie mit Hilfe des Mischungskreuzes!

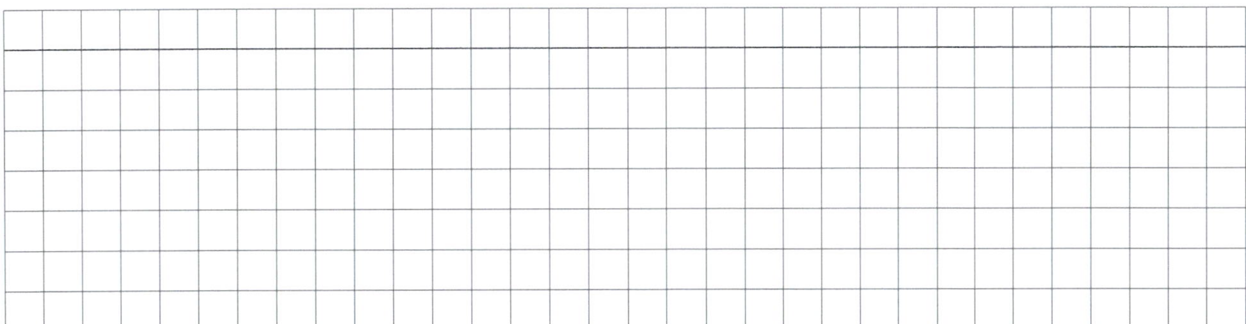

10

© Deutscher Apotheker Verlag 2021

Aufgabe 13

Welche zusätzliche Kennzeichnung ist für die Abgabegefäße von Isopropylalkohol–70 % und Ammoniak–5 % vorgeschrieben?

Aufgabe 14

„Ach", murmelt PTA Tugba, „unser netter Stammkunde Herr Jäger hat wieder einmal seine Salicylvaseline bestellt. Drei verschieden große Töpfchen: Eins für zu Hause, eins fürs Büro und eins für die Geschäftsreise."

14a Welche Bestandteile enthält Salicylvaseline?

14b Wie viel Gramm von jedem Bestandteil muss jeweils miteinander vermischt werden?

Gesamtmenge und -konzentration	Wirkstoff (g)	Grundlage (g)
A: 100 g Salicylvaseline–3 %		
B: 50 g Salicylvaseline–5 %		
C: 30 g Salicylvaseline–10 %		

© Deutscher Apotheker Verlag 2021

Aufgabe 15

Heute übt PKA Emely „das Taxieren". Sie berechnet die Preise folgender Rezepturarzneimittel, die die Neue Stadt-Apotheke laut ärztlicher Verordnung für Patienten der dermatologischen Praxis hergestellt hat. Berechnen Sie die AVP.
Verwenden Sie für Ihre Rechnungen einfachheitshalber die **Preise für die Stoffe** und **die Gefäße** sowie die **Arbeitspreise** aus den folgenden Tabellen. Die **Rezepturzuschläge** (Arbeitspreise) sind in der Arzneimittelpreisverordnung §5 Abs. 3 festgelegt.

Hinweis: Rundungsregel – Stand 2021: Kaufmännisch gerundet wird 1. nach dem Aufschlagen von 90 % bzw. 100 % und 2. nach dem Aufschlagen der Mehrwertsteuer.

Apothekeneinkaufspreise – Stoffe

Wirkstoff			**Grundlage | Hilfsstoff**		
Nr.	Menge	AEP	**Nr.**	Menge	AEP
1*	25 g	3,85 €	A	250 g	12,40 €
2*	50 g	7,25 €	B	1000 g	40,30 €
3*	10 g	13,10 €	C	500 g	7,50 €
4*	100 g	4,90 €	D	100 g	14,10 €
5*	75 g	25,35 €	E	250 g	10,00 €
6*	250 g	16,30 €	F	250 g	9,85 €
7*	250 g	11,00 €	**Salbe (FAM)**	30 g	5,95 €
8*	50 g	16,65 €	**Gelbildner**	100 g	35,20 €
9*	100 g	3,75 €	**Gereinigtes Wasser**	1000 ml	0,80 €
10*	10 g	30,40 €	**Füllmittel**	1000 g	18,70 €
11*	25 g	18,00 €	**Natriumsulfat**	1000 g	8,95 €
12*	100 g	13,60 €	**Qualitätszuschlag für gereinigtes Wasser**		1,46 €
13*	5 g	7,95 €			

* Verschreibungspflichtiger Wirkstoff

Apothekeneinkaufspreise – Gefäße

Gelatine-Kapsel	Gr. 00	0,02 €
Kruke mit Deckel, weiß, Kunststoff	50 g	0,24 €
Kruke mit Deckel, weiß, Kunststoff	100 g	0,38 €
Kruke mit Deckel, weiß, Kunststoff	150 g	0,65 €
Kruke, Unguator	30 g	0,82 €
Kruke, Unguator	50 g	0,95 €
Tube	60 ml	0,47 €
Weithalsglas, braun, komplett	100 ml	0,60 €

10

© Deutscher Apotheker Verlag 2021

Arbeitspreise (Rezepturvorschläge) – Herstellung

Tees|Lösungen	bis 300 g	3,50 €
Salben|Pasten|Suspensionen|Emulsionen	bis 200 g	6,00 €
Kapseln|Zäpfchen	bis 12 Stück	8,00 €
Für jede über diese Grundmenge hinausgehende kleinere bis gleich große Menge, erhöht sich der Rezepturzuschlag um 50 %.		

15a 1. Rezeptur

Creme

Wirkstoff **1**	0,5 g
Wirkstoff **2**	1,0 g
Wirkstoff **3**	0,25 g
Grundlage **A**	48,75 g

Abzufüllen in eine Tube

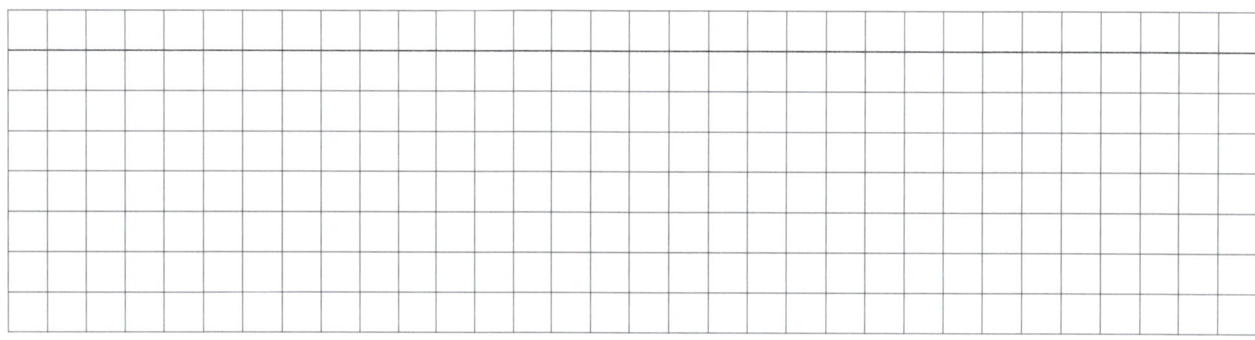

15b 2. Rezeptur

Salbe

Wirkstoff **4**	3,0 g
Wirkstoff **5**	0,5 g
Grundlage **B**	13,25 g
Grundlage **C**	13,25 g

Abzufüllen in eine Unguator-Kruke

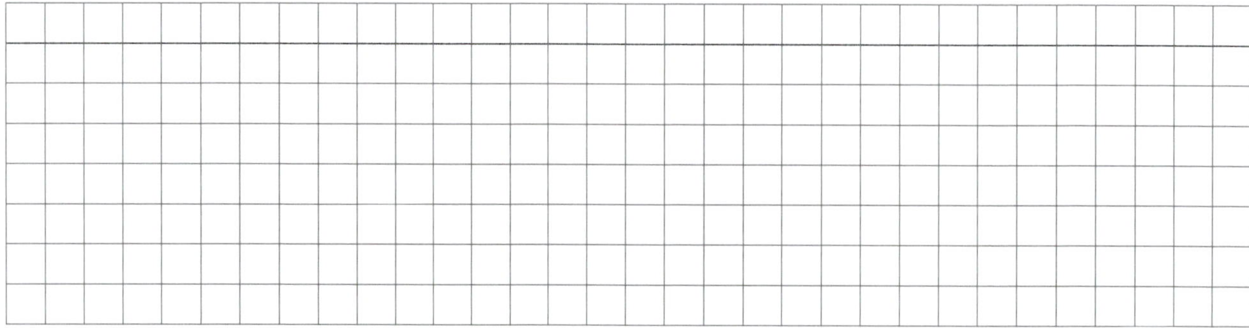

© Deutscher Apotheker Verlag 2021

15c **3. Rezeptur**

Paste

Wirkstoff **6**	5,0 g
Wirkstoff **7**	5,0 g
Wirkstoff **8**	20,0 g
Grundlage **D**	70,0 g

Abzufüllen in eine Kruke

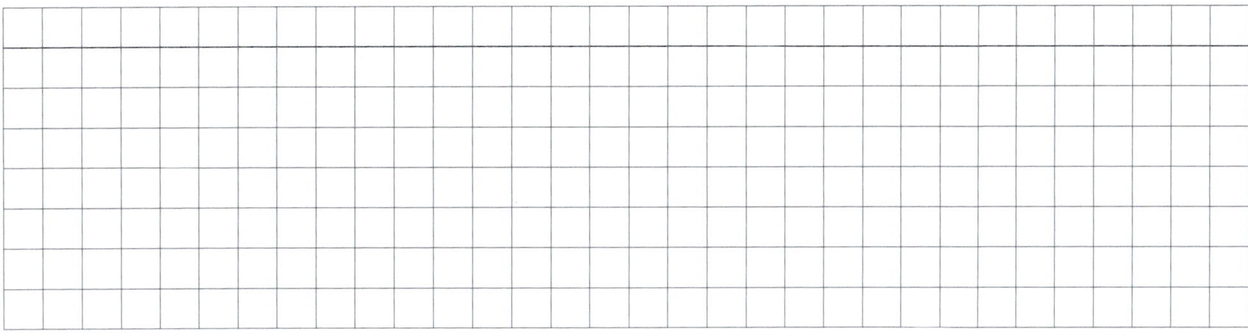

15d **4. Rezeptur**

Creme

Wirkstoff **9**	2,0 g
Wirkstoff **10**	1,0 g
Salbe **(FAM)**	15,0 g
Grundlage **E**	32,0 g

Abzufüllen in eine Unguator-Kruke

© Deutscher Apotheker Verlag 2021

15e **5. Rezeptur** (vereinfacht)

Gel

Wirkstoff **11**	4,0 g
Gelbildner	1,0 g
Gereinigtes Wasser	95,0 g

Abzufüllen in eine Kruke

Hinweis: Das gereinigte Wasser wird durch ein **in der Apotheke** durchgeführtes Verfahren hergestellt.

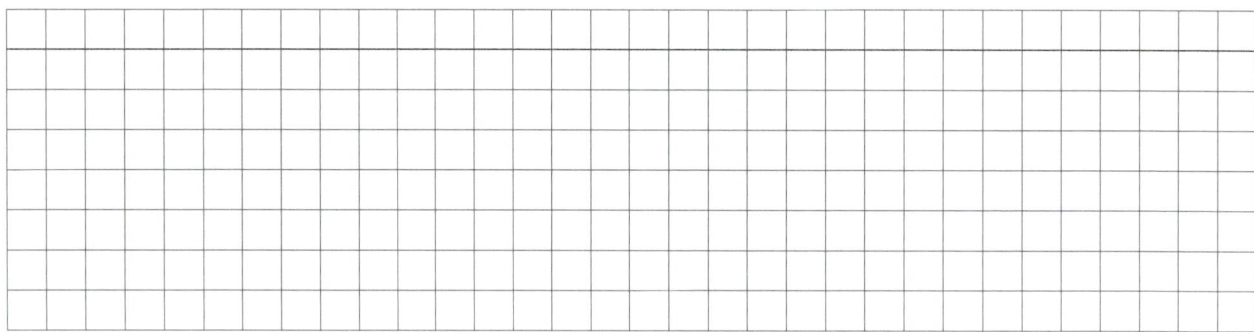

Aufgabe 16

Außerdem sind noch Kapseln und Zäpfchen und ... zu taxieren.

Hinweis: Stoffmengen sind ohne Berücksichtigung von Einwaagekorrektur- und Verdrängungsfaktoren – vereinfachte Rezeptur – angegeben.

16a **6. Rezeptur** (→ Kapselgröße **00**, Einfüllmenge 800 mg)

Hartgelatine-Kapseln

Wirkstoff **12**	(pro St.)	500 mg
Füllmittel	(pro St.)	0,3 g

20 Kapseln
Abzufüllen in ein Weithals-Schraubglas (100 ml)

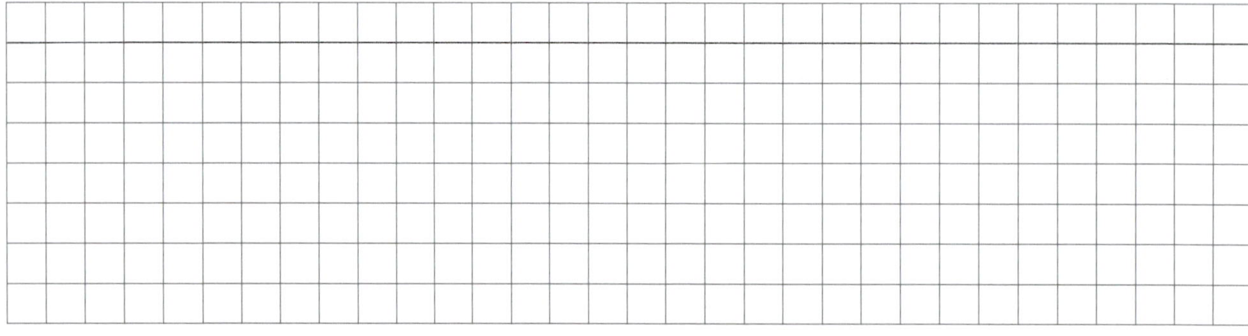

© Deutscher Apotheker Verlag 2021

16b **7. Rezeptur**

Zäpfchen

Wirkstoff **13**	(pro St.)	250 mg
Grundlage **F**	(pro St.)	0,75 g

12 Zäpfchen
Abzufüllen in eine Kruke (150 g)

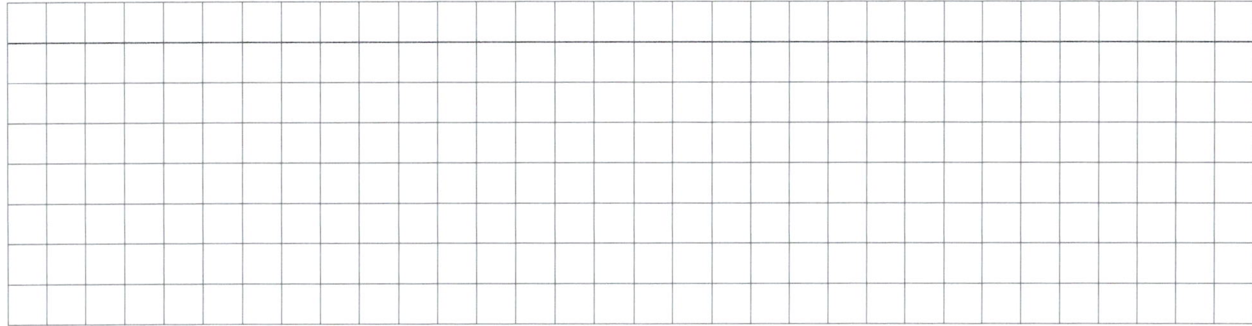

Aufgabe 17

Welche Aussage ist richtig? Antworten Sie durch Ankreuzen. Für verschreibungspflichtige Rezepturen gilt folgendes Taxierschema:

A	Summe der AEP für Ausgangsstoffe und Packmittel + 100 % Aufschlag + Arbeitspreis + Festzuschlag = Nettopreis + 19 % Mwst. = Bruttopreis	☐
B	Summe der AEP für Ausgangsstoffe und Packmittel + 90 % Aufschlag + Arbeitspreis + Festzuschlag = Nettopreis + 19 % Mwst. = Bruttopreis	☐
C	Summe der AEP für Ausgangsstoffe und Packmittel + 90 % Aufschlag + Festzuschlag = Nettopreis + 19 % Mwst. = Bruttopreis	☐
D	Summe der AEP für Ausgangsstoffe und Packmittel + 90 % Aufschlag + Arbeitspreis = Nettopreis + 19 % Mwst. = Bruttopreis	☐
E	Summe der AEP für Ausgangsstoffe und Packmittel + 90 % Aufschlag + Arbeitspreis + Festzuschlag = Nettopreis + 7 % Mwst. = Bruttopreis	☐

10

Aufgabe 18

18a Die Kundin Fr. Demircan benötigt – zum einmaligen Abführen – 50 g Glaubersalz (Natriumsulfat). Als Abgabegefäß dient eine Kruke. Berechnen Sie den AVP.

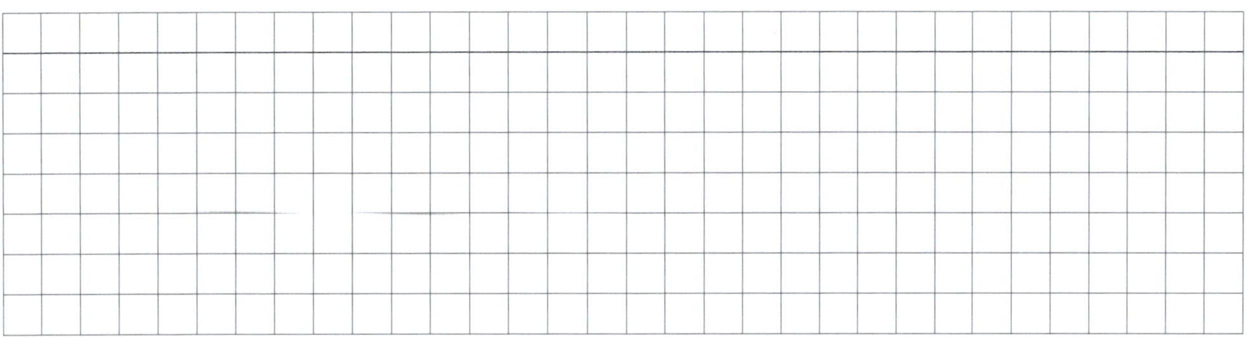

© Deutscher Apotheker Verlag 2021

18b Beschriften Sie das unten abgebildete Etikett für das Abgabegefäß vorschriftsmäßig mit allen notwendigen Angaben.

Neue Stadt-Apotheke Apotheke Alexander Wagner Seilerstraße 32 60313 Frankfurt am Main Telefon 069-6031332	

Aufgabe 19

Wasser ist ein wesentlicher Bestandteil vieler Rezepturen. Wasser unterliegt grundsätzlich der schnellen Verkeimung (→ Kontamination mit Krankheitserregern). Zur Arzneimittel-herstellung ist es dann nicht geeignet. Unterschieden werden für pharmazeutische Zwecke

- destilliertes Wasser (Aqua destillata)
- entmineralisiertes Wasser (Aqua demineralisata)
- gereinigtes Wasser (Aqua purificata)
- Wasser für Injektionszwecke (Aqua ad iniectabilia)

19a In der Tabelle sind die Zuordnungen durcheinandergeraten. Ordnen Sie den vier **Wasser-qualitäten 1–4** die korrekten **Eigenschaften A–D** und die entsprechenden **Gewinnungs-methoden a–d** zu.

Die Wasserqualität		... hat folgende Eigenschaften		... und wird gewonnen aus Leitungswasser mittels	
1	Destilliertes Wasser	A	Allgemeine Bezeichnung für entmineralisiertes Wasser und destilliertes Wasser	a	Destillationsapparatur
2	Entmineralisiertes Wasser	B	Frei von Mineralien	b	Destillationsapparatur + spezielle Lagerung, um Qualität zu erhalten
3	Gereinigtes Wasser	C	Frei von Mineralien und – zum Zeitpunkt der Herstellung – frei von Keimen und Pyrogenen	c	Ionenaustauscher
4	Wasser für Injektionszwecke	D	Frei von Mineralien und frei von Keimen und Pyrogenen	d	Ionenaustauscher oder Destillationsapparatur

1 →	2 →	3 →	4 →

19b Welche Wasserqualität darf für die Arzneimittelherstellung verwendet werden?

© Deutscher Apotheker Verlag 2021

19c Wie kann dieses Wasser gewonnen werden?

© Deutscher Apotheker Verlag 2021

Lernfeld 11: Schwierige und komplexe Gesprächssituationen bewältigen

PKA Alina arbeitet in der Rathaus-Apotheke. Diese befindet sich wie auch ihre Filiale, die Sonnen-Apotheke, in einem großen Einkaufszentrum. Der Kundenstamm besteht überwiegend aus Laufkundschaft – Touristen, Angestellte der umliegenden Geschäfte und Büros, Gelegenheitskäufer und Patienten der Fachärzte im Umkreis. Die Besitzer der Apotheken, das Ehepaar Breitenbach, beschäftigen insgesamt 15 Mitarbeiter. Außer Alina sind das noch vier weitere PKA, acht PTA und zwei Apothekerinnen. Die fünf PKA betreuen abwechselnd den Freiwahlbereich und sind die ersten Kontaktpersonen am Telefon. Sie kümmern sich außerdem um die Korrespondenz der Apotheken und besuchen regelmäßig Kommunikationsseminare. Natürlich achten sie nicht nur auf ihre Ausdrucksweise, sondern auch auf ein gepflegtes Äußeres. Schließlich ist es der Apothekenleitung wichtig, dass alle Mitarbeiter sympathisch und kompetent sind und die Kunden angemessen angesprochen werden.

Aufgabe 1

Ordnen Sie die folgenden Begriffe aus dem Bereich „**Instrumente der Kommunikation**" den beiden Kategorien zu!

Begriffe
Betonung | Blickkontakt | Distanz | Gestik | Körperhaltung | Lautstärke | Mimik | Satzbau | Sprechpause | Sprechtempo | Wortwahl

Verbale, sprachliche Kommunikationsmittel	Nonverbale, nichtsprachliche Kommunikationsmittel

© Deutscher Apotheker Verlag 2021

Aufgabe 2

Für das perfekte Telefonieren hat die Rathaus-Apotheke einen Leitfaden erstellt. Denn beim Anruf gewinnt der Kunde/die Kundin den ersten und damit prägenden Eindruck ...

Frau Mayer-Oberle ist eine anspruchsvolle Kundin. Sie bestellt grundsätzlich telefonisch die zahlreichen von ihrem Heilpraktiker empfohlenen homöopathischen Arzneimittel. Punkt 16 Uhr, zu Beginn ihres Feierabends, erscheint sie dann in der Apotheke, um alles abzuholen. „Da darf ich jetzt nichts vermasseln", sagt PKA Alina zu sich, als sie den Telefonhörer abhebt und sich besagte Kundin energisch meldet ...

2a Vervollständigen Sie die Übersicht mit entsprechenden Erklärungen zu den Stichpunkten.

Richtig telefonieren	**Beim Anruf ...**
Vorbereitung	Block + Stift stets (neben dem Telefon) bereithalten, um sich Notizen machen zu können.
Umgebung	
Innere Einstellung	
Wann Hörer abnehmen?	
Gesprächsannahme – Wie melden?	
Körperhaltung	
Gesichtsausdruck – Mimik	
Stimme – Sprechtempo	
Verbinden – Formulierungshilfen	
Rückruf – Formulierungshilfen	
Informationsaustausch zwischen Kolleg(inn)en	
Name des Anrufenden	
Nachfrage	
Zusammenfassung	
Dank und Verabschiedung	

© Deutscher Apotheker Verlag 2021

2b In vielen Fällen muss der Kundenname, eine Produktbezeichnung usw. buchstabiert werden. Dies sollte nach der sogenannten (nationalen/deutschen) Buchstabiertafel erfolgen. Buchstabieren Sie mündlich und schriftlich die folgenden Namen.

a) Herr **Mayerhäfert**

....

b) Frau **Glöckenweiß**

....

c) Firma **Münchzaum**

....

d) **Monpetix** Tabletten

....

e) **Painvull** Salbe

....

f) **Isgabel** Tropfen

....

g) **Wunderlisch** Kapseln

....

2c Alle PKA der Rathaus-Apotheke können für den Erstkontakt am Telefon auf wichtige Begriffe und Formulierungen auf Englisch zurückgreifen. Übersetzen Sie! Falls nötig mithilfe des Lehrbuchs PKA 27.

	Deutsch	Englisch
A	Sprechen Sie Englisch?	
B	Ja, wie kann ich Ihnen helfen?	
C	Darf ich Sie nach ... fragen?	
D	Können Sie mir sagen ...	
E	Bitte warten Sie kurz.	
F	Ich schaue im Computer nach.	
G	Nehmen Sie ... 1×/2×/3× täglich ein.	
H	Tragen Sie die Salbe bei Bedarf auf.	
I	Führen Sie 1 Zäpfchen 1× täglich ein.	
J	Ja, Sie haben recht.	
K	Ich wünsche Ihnen einen schönen Tag.	
L	Auf Wiederhören.	

[Text – auszugsweise: M. Schiffter-Weinle, Can I help you, Serie, PKAaktiv]

© Deutscher Apotheker Verlag 2021

2d „Wer hat angerufen und worum ging es überhaupt?" – In der betrieblichen Hektik kann schnell eine wichtige Mitteilung vergessen werden. Um dies zu vermeiden, liegt neben jedem Telefon ein Notizblock. Welche Informationen müssen notiert werden?

a) Ergänzen Sie auf dem **Telefon-Notizzettel-Entwurf** die Aufzählungspunkte mit weiteren Angaben, z. B. „Gesprochen mit", „Firma" usw.

b) Fertigen Sie den Telefon-Notizzettel für PKA Alinas Gespräch mit der Kundin Frau Mayer-Oberle an.

Telefon-Notiz | **Rathaus-Apotheke**

- Gesprochen mit
- Firma
- ______
- ______

- ______
- ______
- ______
- ______

☐ ■ Bestellung
☐ ■ ______
☐ ■ ______

☐ ■ ______
☐ ■ ______
☐ ■ ______

Mitteilung

______

______

______

______

______

______

______

______

______

- ______
- Weitergeleitet an

© Deutscher Apotheker Verlag 2021

11

Aufgabe 3

Jede Aussage hat vier Wirkungen auf das Gegenüber [→ „Vier-Ohren-Modell", Friedemann Schulz von Thun, deutscher Psychologe und Kommunikationswissenschaftler]. Ergänzen Sie den Lückentext richtig, indem Sie einen der fettgedruckten Satzteile durchstreichen.

Jeder gesprochene Satz beinhaltet **zwei/vier** Wirkungen: Einen Sachinhalt, eine **Anklage/Selbstkundgabe** oder **Du-Botschaft/ Ich-Botschaft**, einen Beziehungshinweis und einen Appell oder **offensichtlichen/verdeckten** Wunsch. Das heißt, dem Kunden beziehungsweise dem Verkäufer wird zwar eine Sachinformation mitgeteilt, aber mit jedem Satz wird dem Gegenüber auch verraten, **was in einem selbst vorgeht/wie dieser auf seinen Gesprächspartner wirkt**. Außerdem informiert **die Wortwahl, die Mimik und die Tonlage/die Körpergröße, der Kleidungsstil und die Sprechgeschwindigkeit** darüber, wie die Gesprächspartner zueinander stehen. Mit diesem Beziehungshinweis bewertet beispielsweise der Kunde, wie er sich durch den Verkäufer behandelt fühlt – eine sehr sensible und einprägsame Angelegenheit, wie man aus eigener Erfahrung weiß! Die vierte Wirkung einer Nachricht ist der **Vorwurf/Appell**. Hierbei handelt es sich um verdeckte Wünsche. Was will der Verkäufer beziehungsweise der Kunde **erreichen/verlieren**? Hier gilt es, **passiv und reserviert/aktiv und empathisch** zuzuhören, das heißt **sich in den Gesprächspartner einzufühlen/sich vom Gesprächspartner zu distanzieren** und mit eigenen Worten widerzugeben, was man sachlich und emotional verstanden hat.

Aufgabe 4

Die Kenntnis der sogenannten **Kundentypen** ist die Grundlage, um Kunden und Kundinnen zu ihrer Zufriedenheit bedienen zu können; unabhängig davon, ob das Verkaufs- oder Beratungsgespräch erfolgreich verläuft oder nicht. Je nachdem welche Kennzeichen und Merkmale betrachtet werden, lassen sich Kunden und Kundinnen in verschiedene Typgruppen einteilen. Diese Kundentypen sind immer nur Prototypen, die eine Orientierung für den Umgang mit ihnen geben können. In der Regel sind Kunden und Kundinnen jedoch Mischtypen aus verschiedenen Kundentypen.

Im Folgenden sind vier Kundentypen benannt und mit ihren typischen Eigenschaften beschrieben. [Die Einteilung erfolgte nach dem „Modell von Tony Alessandra & Michael O'Connor", beide sind US-amerikanische Verkaufs- und Marketingexperten.]

4a Für alle vier Personen hat PKA Alina ein Blutdruckmessgerät bestellt. Alina kennt Herrn Rothen, Frau Grünlich, Herrn Blaumann und Frau Blassberg persönlich. Telefonisch erfolgt jetzt deren Nachfrage, ob die Geräte geliefert wurden. Diese sind abholbereit, der Preis ist jedoch erheblich höher als zunächst angenommen.

Formulieren Sie jeweils eine **typgerechte Aussage**, die den Kunden/die Kundin vom Produkt überzeugt. Diskutieren Sie Ihre Lösungsansätze in der Klasse.

Kunde		Typgerechte Aussage
A	Der Unterhalter	Hallo Herr Rothen, ...
▪ ist offen und direkt, ▪ ist an einer persönlichen Beziehung interessiert, ▪ ist entscheidungsfreudig, ▪ trifft Entscheidungen eher „aus dem Bauch heraus"		
B	Der Inspektor	Guten Morgen Frau Grünlich, ...
▪ ist reserviert und direkt, ▪ ist an Fakten interessiert, ▪ ist entscheidungsfreudig, ▪ trifft Entscheidungen eher „vom Kopf her"		
C	Der Buchhalter	Guten Tag Herr Blaumann, ...
▪ ist reserviert und indirekt, ▪ ist an Fakten interessiert, ▪ überdenkt Entscheidungen lange, ▪ trifft Entscheidungen eher „vom Kopf her"		
D	Der Beziehungsmensch	Guten Abend Frau Blassberg, ...
▪ ist offen und indirekt, ▪ ist an einer persönlichen Beziehung interessiert, ▪ überdenkt Entscheidungen lange, ▪ trifft Entscheidungen eher „aus dem Bauch heraus"		

Lösungshinweis: Grundsätzlich erkennbar sollte die unterschiedliche Argumentationsweise bei A/D und B/C sein.

© Deutscher Apotheker Verlag 2021

4b Im Alltagsbetrieb haben PKA Alina und ihre Kollegen und Kolleginnen nicht nur mit den unterschiedlichen Kundentypen, sondern auch mit **besonderen Verhaltensweisen** zu tun. Mancher Zeitgenosse stellt die Geduld der Vier immer wieder auf eine harte Probe. Die Gespräche mit herausfordernden Kunden und Kundinnen üben sie immer wieder im Team.

PKA Alina berät häufig über Blutdruckmessgeräte. Die Kommunikation mit der interessierten Kundschaft ist, abhängig von deren Wesensart, sehr unterschiedlich.

A. Der misstrauische Kunde sagt:	B. Der ängstliche Kunde sagt:	C. Der redselige Kunde sagt:	D. Der aggressive Kunde sagt:
„Ich habe gelesen, dass diese Geräte immer falsche Werte anzeigen!"			

a) Begründen Sie, warum die folgenden Reaktionen falsch sind.

Falsche Reaktionen			
A. „Tja, das ist schwierig zu sagen."	B. „Eigentlich kommt jeder gut damit zurecht."	C. „Ich muss jetzt wirklich zum nächsten Kunden."	D. „Also, das stimmt aber nicht."

b) Formulieren Sie jeweils hilfreiche Reaktionen, so wie PKA Alina reagieren sollte!

© Deutscher Apotheker Verlag 2021

Aufgabe 5

Ordnen Sie die Schritte des idealen, erfolgreichen Verlaufs eines Verkaufsgesprächs in der richtigen Reihenfolge. Verwenden Sie dazu die folgenden Begriffe.

Begriffe
Bedarfsermittlung | Begrüßung und Kontaktaufnahme | Bekräftigung der Kaufentscheidung | Kaufentscheidung | Kundenansprache | Kundeneinwänden begegnen | Preisnennung und -begründung | Verabschiedung | Verkaufsargumente | Warenvorlage

Schritt	... des Verkaufsgesprächs ist ...
1.	
2.	
3.	
4.	
5.	
6.	
7.	
8.	
9.	
10.	

Aufgabe 6

Die PKA der Rathaus-Apotheke sind alle für jeweils einen Produktbereich der Freiwahl verantwortlich. Der Wareneinkauf und die -präsentation nach dem CM-Konzept, die Initiative, Vorbereitung und Durchführung von zielgruppenspezifischen Aktionstagen gehören genauso dazu wie die Beratung und der Verkauf. Was für ein gutes Beratungsgespräch wichtig ist, kann diesem Schema entnommen werden.

Eine ca. 50-jährige selbstbewusste Kundin interessiert sich für ein elektronisches Blutdruckmessgerät. Wie gestalten Sie den Kundenkontakt aktiv und entgegenkommend?

Antworten Sie auf die Leitfragen im folgenden Schema!

Hinweis
Nutzen Sie das Schema zur Vorbereitung auf den Teil „Das Beratungsgespräch" Ihrer praktischen Abschlussprüfung. Üben Sie anhand dieses Gesprächsleitfadens verschiedene Fachgespräche. Themen können sein: Abnehmen – aber wie?, Hautpflegeprodukte, Inkontinenzprodukte, Sonnenschutzmittel, Verbandstoffe, ...

© Deutscher Apotheker Verlag 2021

Schritte	Leitfragen	Meine Überlegungen dazu in Stichpunkten
Kontaktaufnahme/ Kundenansprache/ Gesprächseröffnung	▪ Wie begrüßen Sie die Kundin? ▪ Womit erreichen Sie, verständlich zu sprechen? ▪ Welche innere Haltung, Körperhaltung, Gestik und Mimik unterstützt den vertrauensvollen Kundenkontakt?	
Bedarfsermittlung	▪ Mit welcher Fragetechnik gewinnen Sie Informationen über den Anwendungsbedarf? ▪ Bewerten Sie, im Zusammenhang mit der Anbahnung eines Verkaufs-Ogesprächs, die Aussage „Kontakt geht vor Information".	
Warenvorlage/ Produktpräsentation/ Verkaufsargument(e)	▪ **Bedarfsbezogene** Beratung oder **produktbezogene** Beratung – Erklären Sie den Unterschied. ▪ Wie gelingt es, alle Sinne der Kundin anzusprechen? ▪ Wie können Missverständnisse durch unterschiedliche Wahrnehmung des Gesagten vorgebeugt werden? ▪ „Gekauft wird nicht das Produkt, sondern der Nutzen, den es verspricht!" – Wie können Sie den Nutzen des Produkts für die Kundin herausstellen? ▪ „Das Produkt ist nicht schlecht." – Warum ist diese Aussage ungünstig?	
Preisnennung/ Preisargumentation/ Einwandbehandlung	▪ Wie kann eine zielbewusste Preisargumentation formuliert werden? ▪ Wie gehen Sie mit Einwänden zum Preis um? Formulieren Sie Aussagen.	
Kaufentscheidung/ Bekräftigung der Kaufentscheidung	▪ Wie gehen Sie mit generellen Einwänden zum Produkt um? Formulieren Sie Aussagen. ▪ Mit welcher Fragetechnik schließen Sie das Beratungsgespräch ab?	
Verabschiedung/ Zusatzverkauf	▪ An dieser Stelle könnte ein Zusatzverkauf erfolgen. Vielen PKA fällt dies schwer. Warum? ▪ Überlegen Sie sich eine Denkhilfe, um diesen Widerstand zu überwinden. ▪ Welche Bedeutung hat ein Zusatzverkauf? ▪ Die ideale Verabschiedung umfasst einen kostenlosen Zusatztipp, die Abschlussfrage und ggf. eine Aufforderung zur Rückmeldung und die Verabschiedung. Formulieren Sie!	

Hinweis: Sehr hilfreiche Grundinformationen zum Thema finden Sie im Lehrbuch PKA 27 im Lernfeld 11.

[Text – auszugsweise: V. Naumann: Das Beratungsgespräch, PKAaktiv; Expertenteam der Fa. Mucos Pharma: Verkaufsgespräche strukturieren, PTA digital; A. Nagel: Beratung mit Zusatz, pta FORUM ONLINE; J. Heller: Leitfaden für den Teil „Das Beratungsgespräch" der praktischen Abschlussprüfung für PKA, LAK Hessen]

11

© Deutscher Apotheker Verlag 2021

Aufgabe 7

Recht regelmäßig kommt es zu Kunden-Reklamationen bei Blutdruckmessgeräten. Oft lässt sich der vermeintliche Schaden als Bedienungsfehler aufklären. Selten handelt es sich um einen tatsächlichen Reklamationsgrund. Die meisten der sich beschwerenden Kunden sind jedoch zunächst einmal verärgert.

In der Rathaus-Apotheke gibt es daher im Rahmen des Qualitätsmanagements einen Handlungsleitfaden nach dem Motto „Jede Beschwerde oder Reklamation ist eine Chance, den Kunden stärker zu binden!"

Beschwerden und Reklamationen erfolgreich bearbeiten	
1. Schritt	Reklamation **annehmen**, **zuhören**, ausreden lassen, nicht unterbrechen, nicht widersprechen, warten bis der Kunde „Dampf abgelassen hat". Beschwerden **nicht persönlich** nehmen. **Körpersprache kontrollieren**: Die Arme nicht verschränken. Dies signalisiert dem Gegenüber Abwehr.
2. Schritt	Die Sichtweise und Argumente **hinterfragen**, **Verständnis** für den Ärger formulieren – Bemerkung „Ich verstehe!" –, gelegentlich **nicken**. Falls Kunde laut wird, Gespräch in der Beratungsecke fortführen.
3. Schritt	Lösungswunsch des Kunden erfragen. Wenn möglich, zwei **Lösungsvorschläge anbieten**. Dabei Bemerkungen wie „Weil Sie so ein guter Kunde sind, ... " vermeiden.
4. Schritt	Rückfragen: „Sind Sie mit dieser Lösung einverstanden?"
5. Schritt	Sofort **entschuldigen**, wenn der Fehler in der Apotheke liegt. Nicht für Fehler entschuldigen, die die Apotheke nicht begangen hat.
6. Schritt	Nur das **zusagen**, was auch garantiert werden kann.
7. Schritt	**Bedanken**. Zugesagtes sofort **umsetzen**. **Dokumentieren** und im Team **besprechen**.

[Text – auszugsweise: I. Brendt: Beschwerdemanagement, AH Apotheke heute – verändert und angepasst durch J. Heller]

7a Worin besteht der Unterschied zwischen einer Reklamation und einer Beschwerde?

....

....

....

....

7b Üben Sie in einem Rollenspiel mit Mitschüler(inne)n einen Beschwerdedialog. Machen Sie dazu einen geeigneten Anlass aus Ihrem Apothekenalltag zum Gegenstand des Gesprächs.

7c Welchen Sinn hat es, dem Handlungsleitfaden konsequent zu folgen?

....

....

....

© Deutscher Apotheker Verlag 2021

7d Formulieren Sie drei **positive** (1) und drei **negative** (2) Aussagen für die Beschwerdesituation.

(1) Positives Beispiel: „Ich kann Ihren Ärger gut verstehen."

(2) Negatives Beispiel: „Das kann ich mir gar nicht vorstellen."

7e Es ist empfehlenswert, jede Beschwerde/Reklamation zu dokumentieren und im Apothekenteam zu besprechen. Begründen Sie.

Aufgabe 8

Eine Herausforderung für alle PKA im Berufsalltag ist es, wenn Kunden nach der Beratung durch die PKA noch ein Arzneimittel wünschen. Für diese Aufgabe **muss** die PKA eine Person des pharmazeutischen Personals heranziehen. In vielen Fällen sind die Kunden zunächst irritiert und verstehen „den Personalwechsel" nicht ... Formulieren Sie Aussagen zu folgender Situation, die das Weiterleiten unkompliziert und selbstverständlich gestalten.

PKA Alina führt das folgende Verkaufsgespräch mit der ...

Kundin Fr. Geisheimer: „Ja, dann nehme ich diese Tagescreme. So, und jetzt brauche ich noch ein Nasenspray."

PKA Alina:

Kundin Fr. Geisheimer: „Wieso denn? Das können Sie doch auch machen. Sie haben mich doch gerade sehr gut beraten."

PKA Alina:

11

© Deutscher Apotheker Verlag 2021

Kundin Fr. Geisheimer: „Also, das verstehe ich nicht. Wieso muss ich denn jetzt zwei Leute beschäftigen? Das hätten doch auch Sie machen können."

PKA Alina: ....

....

....

Kundin Fr. Geisheimer: „Ja, ich hätte gern das Nasenspray Nosylike. Das nehme ich sonst auch immer."
Apothekerin Fr. Breitenbach: „Das haben wir da. Ich möchte Sie dazu etwas fragen, ... "
Kundin Fr. Geisheimer: „Ja, was denn?"

[Text – auszugsweise: V. Naumann, S. Baad: Im Team und vor Kunden miteinander sprechen, PKAaktiv]

Aufgabe 9

Bestimmt fallen Ihnen Situationen aus der täglichen betrieblichen Praxis ein, die Sie – aus der Sicht einer guten Kommunikation – als „DAS GEHT JA GAR NICHT" bezeichnen würden. Sammeln Sie mit Ihren Mitschüler(inne)n diese „Kommunikationsfallen" und diskutieren Sie mögliche Lösungen.

....

....

....

....

....

....

....

Aufgabe 10

Die PKA der Rathaus-Apotheke kaufen gemeinsam mit ihren drei Kolleg(inn)en der Sonnen-Apotheke den Drei-Monats-Bedarf an Waren für die Freiwahlen ein. Sie beherrschen, als Einkaufsexpert(inn)en, auch die situationsbezogene Kommunikation mit den Außendienstmitarbeiter(inne)n. Für die Gesprächsvorbereitung gibt es einen Leitfaden.

© Deutscher Apotheker Verlag 2021

10a Formulieren Sie einen strukturierten **Vorbereitungs- und Gesprächsleitfaden** für die Situation „Ein Firmenvertreter kommt".

Vertretergespräch – Leitfaden für die Vorbereitung	
1.	
2.	
3.	
4.	
5.	
6.	
7.	
8.	

10b Lösen Sie das Rätsel zum Thema „Verhandeln mit dem Firmenvertreter" und tragen Sie die Antwortbegriffe in das Schema ein. Die Buchstaben in den fett umrandeten Kästchen ergeben dann von oben nach unten gelesen das Lösungswort, den **Namen eines berühmten Kommunikationswissenschaftlers**.

1. Gehen aus einer Verhandlung nur Gewinner hervor, ist es eine ...-Situation. (engl. Begriff)
2. Wie wird die Besuchsankündigung bezeichnet?
3. Es ist besser, mit dem Außendienstmitarbeiter einen festen ... zu vereinbaren.
4. Mit dem Werbe... unterstützt der Hersteller die Apotheke bei Werbemaßnahmen.
5. Gestik und Mimik sind ... Kommunikationsmittel.
6. Diese Grundregel gilt für das Verhandeln: Bestellung nur nach ...
7. Für die Verhandlung über eine Produktgruppe wichtige Kenngröße: ...
8. Gesamtheit der verhandelten Einkaufsbedingungen: ...
9. Wo sollte das Gespräch mit dem Außendienstmitarbeiter stattfinden? (engl. Begriff)
10. Als ... wird ein entspannter, belangloser Gesprächseinstieg bezeichnet. (engl. Begriff)

1									■			-						
2									■									
3									■									
4									■									
5									■									
6									■									
7									■									
8									■									
9									■									
10									■									

Lösungswort: ....

11

© Deutscher Apotheker Verlag 2021

Aufgabe 11

Nicht nur die Kommunikation mit den Kunden, sondern auch der richtige Austausch **im Team** hat eine enorme Wirkung nach außen.
Vervollständigen Sie die Aussagen mit den folgenden Begriffen.

Begriffe
„Start-Meeting" | Ich-Botschaften | Job-Rotation | Kurzvortrag | persönlichen Gespräch | Strategie-Tag | Teambesprechungen | verbindlich

a) Das beste Instrument zur Pflege einer optimalen internen Kommunikation sind regelmäßige .... mit allen Apothekenmitarbeiter(inne)n.

b) Kolleg(inn)en, die kürzlich Fortbildungen besucht haben, sollten darin in einem .... über die wichtigsten Punkte berichten und neue Erkenntnisse an die Kolleg(inn)en weitergeben.

c) In einem Protokoll sind die wichtigsten Punkte darüber .... festzuhalten und können bei Bedarf nochmals nachgelesen werden.

d) Einige Apotheken veranstalten jährlich einen .... an einem Wochenende in einem Seminarhotel. Dies ist besonders für Apotheken mit mehreren Filialen empfehlenswert, um eine einheitliche Vorgehensweise und den persönlichen Kontakt zwischen den Kolleg(inn)en zu fördern.

e) Manche Apothekenteams treffen sich täglich kurz vor Öffnung der Apotheke zu einem ...., d. h. zu einer kurzen Teambesprechung von ca. 5–10 Minuten, um den Ablauf und eventuelle Besonderheiten des betreffenden Tages zu besprechen.

f) Im .... oder schriftlich erfolgt die vollständige Weitergabe aller relevanten Informationen, wenn während des Tages die Mitarbeiter(innen) wechseln.

g) Die ....– das tageweise Arbeiten von Kolleg(inn)en – erhöht die Breite der Einsatzmöglichkeiten und erleichtert die Vertretung im Urlaubs- oder Krankheitsfall.

h) Bei kritischen Aussagen in schwierigen Gesprächen (z. B.: eine Kollegin soll auf eine dauerhaft störende Verhaltensweise aufmerksam gemacht werden) sollten .... verwendet werden.

[Text – auszugsweise: A. Nagel: Strukturierte Kommunikation, pta FORUM ONLINE]

© Deutscher Apotheker Verlag 2021

Aufgabe 12

In den beiden Apotheken des Ehepaars Breitenbach arbeiten überwiegend Frauen. Obwohl der betriebliche Alltag im Großen und Ganzen harmonisch verläuft, gibt es bei bestimmten Situationen und Gesprächsanlässen – Urlaubsplanung, private Plaudereien während der Arbeitszeit, mangelnde Informationsweitergabe, ... – kleinere Streitigkeiten, vorübergehendes Beleidigtsein und unterschwellige Unzufriedenheit. In einem so- genannten Inhouse-Seminar zum Thema „Wie gelingt die interne Kommunikation im Apothekenalltag?" nennt die Referentin zunächst die drei grundlegenden Regeln dafür:

- Aussagen klar formulieren!
- Informationen schnell weitergeben!
- Wertschätzend miteinander sprechen!

In einem Rollenspiel sollen nun PKA Alina, PTA Gaby und Apothekerin Elke Hoffmann, jeweils in eigenem Interesse, ihren Anspruch auf **den Jahresurlaub während der Sommerferien** formulieren und gegen den Widerstand der Arbeitskolleginnen durchzusetzen versuchen.

Rollenkarte PKA Alina
- 21 Jahre alt, hat keine Kinder
- wohnt mit ihrem Lebensgefährten zusammen
- extrovertierter Typ

Rollenkarte PTA Gaby
- 35 Jahre alt, hat eine 10-jährige Tochter
- geschieden, alleinerziehend
- sachlich-analytischer Typ

Rollenkarte Apothekerin Elke Hoffmann
- 50 Jahre alt, verheiratet, hat zwei erwachsene Kinder
- Ehemann ist von Beruf Lehrer
- introvertierter Typ

12a Spielen Sie die Szene vor der Klasse, zunächst ohne die Regeln der Kommunikation zu beachten – fordernd, eigennützig, vorwurfsvoll, streitsüchtig, ...

12b Spielen Sie die gleiche Szene vor der Klasse, jetzt unter Beachtung der Kommunikationsregeln!

12c Leiten Sie aus dem Gesehenen und Gehörten ab, ...

a) ... worin der Unterschied zwischen beiden Konfliktgesprächen hinsichtlich Ansprache und Wortwahl besteht.

b) ... ob die unterschiedliche Vorgehensweise eine Auswirkung auf das inhaltliche Gesprächsergebnis hat.

© Deutscher Apotheker Verlag 2021

c) ... inwieweit die Beteiligten von dem Gespräch und dem Ergebnis ergriffen/beeindruckt/bewegt sind.

12d Es gibt Formulierungen, die dem konstruktiven Verlauf eines Konfliktgesprächs grundsätzlich entgegenstehen und ein für alle dienliches Ergebnis verhindern. Wie beurteilen Sie im Hinblick darauf die folgenden Aussagen? Kreuzen Sie „richtig" oder „falsch" an und begründen Sie Ihre Entscheidung mündlich!

Aussage		Richtig	Falsch
A	Damit alle Kolleginnen eine Pause bekommen, finde ich es wichtig, dass die Pausenzeiten eingehalten werden.	☐	☐
B	Du brauchst dich jetzt nicht sofort dazu zu äußern. Ich schlage vor, dass du einmal in Ruhe über diesen Punkt nachdenkst und wir übermorgen über eine Lösung sprechen.	☐	☐
C	Es geht um ...	☐	☐
D	Früher dachte ich auch ..., bis ich gemerkt habe, dass ...	☐	☐
E	Haben Sie eine Idee, wie das Problem gelöst werden kann?	☐	☐
F	Ich finde es unmöglich, dass Sie ständig ...	☐	☐
G	Ich möchte mit dir über ... sprechen.	☐	☐
H	Ich schlage vor, dass ...	☐	☐
I	Ich verstehe, dass Sie sich oft sehr kurzfristig um organisatorische Dinge kümmern müssen und daher ... nicht immer einhalten können.	☐	☐
J	Mir ist so etwas auch schon passiert.	☐	☐
K	Ständig informierst du mich nicht rechtzeitig!	☐	☐
L	Ständig überziehst du deine Pausen.	☐	☐
M	Was kannst du oder was können wir tun, um ... zu verbessern?	☐	☐
N	Wie siehst du das?	☐	☐
O	Wir arbeiten ja sonst gut zusammen, da werden wir das sicherlich auch in den Griff bekommen.	☐	☐

Aufgabe 13

Beantworten Sie durch Ankreuzen.

13a Welchen Aussagen stimmen Sie **nicht** zu? Das Kritikgespräch mit einem Vorgesetzten, dem Apothekenleiter, ...

A	... sollte grundsätzlich keine bösen Absichten oder Gleichgültigkeit unterstellen.	☐
B	... sollte immer spontan, emotional und offen geführt werden.	☐
C	... sollte in Gegenwart von Kolleg(inn)en oder Kunden geführt werden, um Zeugen für spontane Diskussionen zu haben.	☐
D	... sollte möglichst sogenannte Ich-Botschaften enthalten.	☐
E	... sollte terminlich vereinbart werden.	☐
F	... sollte vorbereitet werden (z. B. Kritikpunkte notieren, Lösungsvorschläge erarbeiten, ...).	☐

© Deutscher Apotheker Verlag 2021

13b Was ist für eine Teambesprechung **unbedingt** erforderlich?

A	Das anzufertigende Protokoll.	☐
B	Das strikte Einhalten der Reihenfolge der zu besprechenden Themen (Tagesordnung).	☐
C	Die Buchung eines externen Raums und eines Imbisses.	☐
D	Die vollzählige Teilnahme aller Mitarbeiter(innen).	☐
E	Eine Mindestdauer von 90 Minuten.	☐

13c Was sollte in einem kollegialen Kritikgespräch in jedem Fall **vermieden** werden?

A	Auf einleitenden Smalltalk verzichten und gleich zum Kritikpunkt kommen.	☐
B	Gelegenheit geben, sich zum Kritikpunkt zu äußern.	☐
C	Konkrete Vereinbarungen treffen und einen neuen Gesprächstermin verabreden.	☐
D	Verstärkung kleinster positiver Ansätze und Bemühungen um Veränderung durch ein ermutigendes Feedback.	☐
E	Vorhalten eines anderen Kollegen als leuchtendes Beispiel.	☐
F	Zeit geben, um in Ruhe über den Kritikpunkt nachzudenken.	☐

© Deutscher Apotheker Verlag 2021

Lernfeld 12: Ein Marketingprojekt durchführen

Im Wohngebiet „In der Aue" ist die Sonnen-Apotheke neu eröffnet worden. Hier hat PKA Kira ihre erste Arbeitsstelle nach Abschluss der Ausbildung erhalten. Die Sonnen-Apotheke möchte gleich mit einem Aktionstag auf ihr umfassendes Angebot im Bereich Diabetikerbetreuung aufmerksam machen; außerdem soll es im Frühjahr eine Aktion zum Thema Sonnenschutz geben. Wie ein Aktionstag zu planen, durchzuführen und zu evaluieren (bewerten) ist, hat Kira bereits während ihrer Ausbildung in Fortbildungsveranstaltungen zum Thema Marketing, die speziell für PKA angeboten wurden, erfahren. Diplom-Pharmazeutin Frau Smirkowa, die Leiterin der Sonnen-Apotheke, gibt Kira daher gern den Auftrag, die Aktionstage zu organisieren.

Aufgabe 1

Definieren Sie den Begriff **Marketing** (bezogen auf eine Apotheke).

Aufgabe 2

2a Aktionstage sind ein **wichtiges Marketing-Instrument** für Apotheken. Welche **Ziele** sollen damit erreicht werden? Zählen Sie diese möglichst umfassend auf.

–

–

–

–

–

2b Die Sonnen-Apotheke möchte die Diabetiker-Beratung zum sogenannten **Alleinstellungsmerkmal** ausbauen (engl. Unique Selling Proposition – USP). Was ist darunter zu verstehen?

2c Beantworten Sie die folgenden Fragen durch Ankreuzen.

Wie viele Aktionen innerhalb eines Jahres sind sinnvoll?		
A	Drei	☐
B	Eine	☐
C	Sechs	☐
D	Zweiundfünfzig, also eine Aktion wöchentlich	☐
E	Zwölf, also eine Aktion monatlich	☐

© Deutscher Apotheker Verlag 2021

Was ist ein „Give-Away"?		
A	Der Botendienst einer Apotheke	☐
B	Die kostenlose Serviceleistung einer Apotheke, z. B. Blutdruckmessen	☐
C	Ein ansprechend dekoriertes Schaufenster	☐
D	Ein kleines Werbegeschenk	☐
E	Eine Informationsbroschüre	☐

Aufgabe 3

Mit einer attraktiven Warenpräsentation, die den verkaufspsychologischen Erkenntnissen der Verhaltensmuster von Kunden folgt, wird zunächst der Bedarf beim Kunden geweckt.

3a Ergänzen Sie den Lückentext mit den folgenden Begriffen.

Begriffe
90 % | Category Management | Eingangsbereich | fühlt | Handverkaufstisch | Rechtsdrall | Sichthöhe

Der Kunde entscheidet über einen Kauf zu mehr als .... mit dem Gefühl und zu weniger als 10 % mit dem Verstand. 20 % von dem, was er hört, 30 % von dem, was er sieht, aber 70 % von dem, was er ...., behält der Mensch im Gedächtnis. In der Regel haben Kunden einen .... Sie blicken und greifen bevorzugt nach rechts. Waren in .... sind Blickfänge. Verkaufsstärkste Zone ist der .... (HV-Tisch), gefolgt von den Sichtwahlregalen hinter dem HV-Tisch, den Flächen vor dem HV-Tisch, Regalen an der rechten Wandseite sowie Freiwahlgondeln in der Nähe des HV-Tischs. Der .... hingegen wird vom Kunden schnell durchschritten und wie linke Wandregale wenig beachtet. Die Anordnung der Waren nach übersichtlichen Bedarfsgruppen, nach dem Prinzip des ...., führt ebenfalls zu mehr Verkaufserfolg.

3b Ergänzen Sie folgende Aussagen zur Warenplatzierung richtig. Verwenden Sie dazu die folgenden Begriffe.

Begriffe
3–5 | Angebot | Grifflücken | Muss-Artikel | rechts | Schnelldreher | Sicht-/Griffzone

a) In den Regalen auf der linken Wandseite und in der Streck- und Bückzone eines Regals werden sogenannte .... platziert.

b) Waren, die Kaufwünsche wecken sollen, exklusiv und höherpreisig sind, werden in der .... platziert.

c) Links und in der Mitte eines Regalbodens werden .... platziert.

d) .... davon werden teurere, gewinnbringende Waren platziert.

e) Auf einem Regalboden sollten nicht mehr als .... verschiedene Produkte nebeneinander stehen.

f) .... ermöglichen dem Kunden eine bequeme Entnahme.

g) Für Artikel im .... werden sogenannte Eye-Catcher-Platzierungen gewählt.

12

© Deutscher Apotheker Verlag 2021

Aufgabe 4

Das „A&O" der Planung eines Aktionstags, weiß PKA Kira, ist das „Aktionsdrehbuch". Hier ist geregelt wer, was, wie und mit wem, wann und warum während des Aktionstags macht. Ein solches Drehbuch könnte so aussehen ...

Hinweis: Die Tabelle ist ein Beispiel und muss nicht ausgefüllt werden.

Aktionsdrehbuch – Checkliste	Wer, was, wie?
1. Schritt: Die Auswahl	
▪ Gründe für das Thema	
▪ Ziele	
▪ Kundengruppe	
▪ Budget und Aktionsverantwortliche – Koordinator(in)	
2. Schritt: Die Vorbereitung	
▪ Detaillierte Programmgestaltung festlegen ▪ Krisenplan erstellen	
▪ Kooperationspartner ansprechen ▪ Behördengenehmigung einholen	
▪ Aufgaben/Zuständigkeiten zuordnen ▪ Regelmäßige Teambesprechungen durchführen	
▪ Informationsbroschüren beschaffen ▪ Platzierung des Sortiments regeln ▪ Geräte überprüfen ▪ Beratungswissen auffrischen	
3. Schritt: Die Durchführung	
▪ Besprechung am Vortag ▪ Kontrolle aller benötigten Materialien	
▪ Aktionsprotokoll führen ▪ Feedback einholen	
4. Schritt: Die Kontrolle	
▪ Auswertung des Aktionsnotizbuchs ▪ Kunden- und Mitarbeiter-Feedbacks	
▪ Umsatz- und Kundenstatistik	

[Text: S. Preisser: Gesundheitstage als Aktionsmotto, PKAaktiv – geändert und angepasst von J. Heller]

4a Kira überlegt sich zunächst Begründungen/Argumente für die **Auswahl des Themas** „Diabetikerbetreuung" (**Schritt 1** des Aktionsdrehbuchs). Notieren Sie Begründungen und Argumente.

....

....

....

© Deutscher Apotheker Verlag 2021

4b Jetzt zum **Schritt 2**. Kira formuliert Ideen und Vorschläge zu folgenden Leitfragen:

- Wie könnte das **Programm** am Aktionstag aussehen?
- Welche **Beratungs- und Serviceleistungen** könnten angeboten werden?
- Soll mit **ortsansässigen Institutionen** zusammengearbeitet werden?
- Welche **Medien** sollen zum Einsatz kommen? Broschüren, Plakate, Filme, ...
- Und ganz wichtig: Wie soll die **Werbetrommel** geschlagen werden?

4c Während **Schritt 3**, der Durchführung, erhalten Kira und das Team bestimmt viele Anregungen und es kommen spontan **Ideen zur Optimierung**. Wie lassen sich diese „inmitten des Trubels" am besten festhalten?

4d Die Aktivitäten des Aktionsdrehbuchs müssen in einer bestimmten zeitlichen Abfolge **vor** dem Aktionstag angestoßen werden. Ergänzen Sie die Übersicht.

... Woche(n) vor dem Aktionstag	muss erfolgen ...
ca. zwölf	
ca. neun	
ca. drei bis vier	
ca. zwei	
ca. eine	

12

© Deutscher Apotheker Verlag 2021

Aufgabe 5

5a Was gehört zur Nachbereitung, der **Kontrolle**, eines Aktionstags (**Schritt 4**)? Kira formuliert Fragestellungen als Grundlage für die Teambesprechung. Die folgenden Stichworte helfen ihr bei der Evaluation (→zusammenfassenden Bewertung).

Stichworte
Aktionstagebuch | Neukunden | persönlicher Eindruck | Serviceleistungen und Angebote | Umsatz | Ziele

5b Welche Maßnahme während des Aktionstags dient **nicht** der ergebnisbewertenden Kontrolle? Beantworten Sie durch Ankreuzen.

A	Kunden-Feedback einholen	☐
B	Kundenzahl ermitteln	☐
C	Mehrumsatz an Produkten messen	☐
D	Teamgespräche führen	☐
E	Teilnehmerzahl an **einer** Aktivität	☐

Aufgabe 6

Die Apotheke unterliegt bei der Werbung für Arzneimittel, bestimmte Leistungen und berufsmäßige Handlungsweisen betreffend, strengen gesetzlichen Beschränkungen. Diese müssen bei der Vorbereitung eines Aktionstags beachtet werden.

6a Welches Gesetz regelt **ausdrücklich** die Werbung für Arzneimittel?

© Deutscher Apotheker Verlag 2021

6b Für welche Arzneimittel darf die Apotheke laut dieses Gesetzes **nicht** werben?

6c Welcher Hinweis muss bei der Werbung für apothekenpflichtige Arzneimittel/OTC-Arzneimittel laut dieses Gesetzes stets gegeben werden?

6d Zahlreiche gesetzlichen Vorgaben sind zu beachten, wenn Marketingmaßnahmen – Werbung und Verkaufsförderung – geplant werden. Ordnen Sie den Fällen die jeweils geltenden Rechtsgrundlagen zu und entscheiden Sie, ob dies erlaubt ist – mit „Ja" oder „Nein". Verwenden Sie die folgenden Begriffe.

Begriffe
Apothekenbetriebsordnung | Arzneimittelpreisverordnung | Berufsordnung | Gesetz gegen den unlauteren Wettbewerb | Heilmittelwerbegesetz

Fall		Gesetzliche Grundlage	Erlaubt?
1	Eine Pharmareferentin bewirbt am Aktionstag ein neues rezeptpflichtiges Antidiabetikum.		
2	Für am Aktionstag vorgelegte Rezepte werden den Kunden die Zuzahlungen erlassen!		
3	Im Rahmen des Aktionstags stellt die Podologin Amaya Zärtling ihre Leistungen vor und berät Diabetiker unentgeltlich zum Thema Fußpflege.		
4	Mit einem Preisnachlass von 10 % sind am Aktionstag alle verschreibungspflichtigen Antidiabetika erhältlich.		
5	PKA Kira erklärt an einer Station die Handhabung des Diabetiker-Fußpflegesets – dieses wird heute mit einem Preisnachlass von 10 % verkauft.		
6	„Ihre Sonnen-Apotheke – die Nr. 1 wenn 's um Diabetes geht!" (Das ist der Aufdruck auf den Stofftragetaschen, die am Aktionstag verteilt werden sollen.)		
7	Hinweisschild an der Kasse: „Super-Serviceleistung für unsere Kunden! Rezepte des benachbarten Arztes über Antidiabetika werden automatisch der Sonnen-Apotheke übermittelt."		

© Deutscher Apotheker Verlag 2021

Aufgabe 7

PKA Kira ist sehr kreativ, künstlerisch begabt und geschickt. Sie möchte einen Flyer (engl., kleines Faltblatt mit Werbung), der auf den Aktionstag hinweist und der Kundenzeitschrift beigelegt werden soll, gern selbst anfertigen.

7a Welche Gestaltungselemente sollten bei der Anfertigung eines Flyers vorzugsweise verwendet werden? Welche Angaben sollte ein Flyer enthalten? Fertigen Sie einen Flyer am PC an!

7b Fertigen Sie darüber hinaus an:

1. Eine Anzeige zur Veröffentlichung in der örtlichen Tageszeitung/auf der Internetseite der Apotheke
2. Einen Kundenbrief (Versendung als E-Mail **und** auf dem Postweg)

7c Die Gestaltung von Werbeinstrumenten wie beispielsweise Flyer, Mails, Plakate, TV-Spots usw. sollte nach der **AIDA**-Regel erfolgen.

1. Wofür steht die Abkürzung AIDA?
2. Wie lässt sich die Forderung am besten umsetzen?

Hinweis
Die altbewährte AIDA-Formel genügt den heutigen Anforderungen an Werbewirkung nicht mehr; sie ist daher vielfältig ergänzt, angepasst und aktualisiert worden.

© Deutscher Apotheker Verlag 2021

7d Für die Formulierung einer werbewirksamen Aussage/eines einprägsamen Mottos/eines originellen Slogans gilt die **KISS**-Formel. Wofür steht diese?

7e Zählen Sie denkbare Möglichkeiten der **Public Relation** (engl., Öffentlichkeitsarbeit und Werbung) auf, mit denen im **Vorfeld** auf den Aktionstag der Apotheke aufmerksam gemacht werden kann.

7f Stellen Sie die Bedeutung des **Corporate Design** (CD) bei allen Werbemaßnahmen der Apotheke heraus.

Aufgabe 8

Führen Sie **alle** obigen Überlegungen für das Thema **Zahngesundheit** durch und diskutieren Sie, welche **Varianten in der Programmgestaltung** dieses Thema zulassen könnte.

© Deutscher Apotheker Verlag 2021

Aufgabe 9

Begründen Sie die Auswahl der beiden Aktionstag-Themen mit den Ergebnissen einer **gedachten (hypothetischen) Umgebungs-**, einer **Konkurrenz-** und einer **Kundenanalyse**.

9a Diabetiker-Aktionstag

9b Aktionstag zur Zahngesundheit

Aufgabe 10

Für den Aktionstag soll PKA Kira den optimalen Aktionspreis für das Diabetiker-Fußpflegeset „Pedilux soft" ermitteln. Kira geht so vor: Sie ...

- berechnet zuerst den **Rohgewinn pro Packung** und multipliziert diesen mit der **Anzahl der verkauften Packungen**,
- dann berechnet sie die **Verkaufspreise mit unterschiedlichen Barrabatten** und den **Rohgewinn pro Packung**,
- dann berechnet sie, **wie viele Packungen** verkauft werden müssen, damit der Sonnen-Apotheke **kein Verlust** – durch die Rabattaktion – entsteht.

© Deutscher Apotheker Verlag 2021

10a Ergänzen Sie das Übersichtsschema, indem Sie die hinterlegten Felder ausfüllen.

Preiskalkulationsschema für die Aktion mit verschiedenen Aktionspreisen					
Produkt	Set	Set	Set	Set	Set
AVP netto	17,50 €	17,50 €	17,50 €	17,50 €	17,50 €
AEP netto	13,30 €	13,30 €	13,30 €	13,30 €	13,30 €
Rohgewinn pro Set: AVP – AEP					
Anzahl der verkauften Sets pro Woche	10				
Rohgewinn gesamt: Rohgewinn × Anzahl der verkauften Sets					
Barrabatt		**– 5 %**	**– 10 %**	**– 15 %**	**– 20 %**
AVP netto für die Aktion					
AEP netto		13,30 €	13,30 €	13,30 €	13,30 €
Rohgewinn pro Set in der Aktion					
Anzahl der Sets, die verkauft werden müssen, damit kein Verlust entsteht: Rohgewinn gesamt ÷ Rohgewinn pro Set in der Aktion					

© Deutscher Apotheker Verlag 2021

12

10b Interpretieren Sie Kiras Ergebnis und begründen Sie, warum sie sich letztendlich für den „5 %-Aktionsrabatt" entscheidet.

Hinweis: Aus wirtschaftlicher Sicht kann auch eine andere Möglichkeit sinnvoll sein. Die Entscheidung muss im betrieblichen Alltag apothekenspezifisch getroffen werden.

Aufgabe 11

Aufgrund erfolgreicher Verhandlungen mit dem Firmenvertreter hat PKA Kira einen Preisnachlass auf den „normalen" AEP bekommen – gestaffelt nach Einkaufsmengen. Sie berechnet jeweils den neuen AEP und wie viele Packungen jetzt verkauft werden müssen, damit kein Verlust entsteht.

11a Ergänzen Sie das Schema, indem Sie die hinterlegten Felder ausfüllen.

Preiskalkulationsschema für die Aktion mit Aktionspreisen und Einkaufsrabatt					
Produkt	Set	Set	Set	Set	Set
AVP netto	17,50 €	17,50 €	17,50 €	17,50 €	17,50 €
AEP netto **(alter AEP)**	13,30 €	13,30 €	13,30 €	13,30 €	13,30 €
Rohgewinn pro Set: **AVP – AEP**					
Anzahl der verkauften Sets pro Woche	10	10	10	10	10
Rohgewinn gesamt: **Rohgewinn x Anzahl der verkauften Sets**					
Barrabatt		**– 5 %**	**– 10 %**	**– 15 %**	**– 20 %**
AVP netto für die Aktion					
Barrabatt auf AEP (Einkaufsrabatt)		**– 3 %**	**– 5 %**	**– 10 %**	**– 12 %**
AEP netto **(neuer AEP)**					
Rohgewinn pro Se in der Aktion					
Anzahl der Sets, die verkauft werden müssen, damit kein Verlust entsteht: **Rohgewinn gesamt ÷ Rohgewinn pro Set in der Aktion**					

© Deutscher Apotheker Verlag 2021

12

11b Interpretieren Sie Kiras Ergebnis! PKA Kira agiert ja eher vorsichtig. Wofür wird sie sich wohl entscheiden? Begründen Sie Ihre Antwort.

© Deutscher Apotheker Verlag 2021

Lernfeld 13: Geschäftsprozesse erfassen und kontrollieren

Adrian Winter befindet sich im zweiten Ausbildungsjahr zum PKA. Seine Ausbildungsapotheke ist die Alpen-Apotheke. Adrian rechnet gern und schnell. Die Lernfelder mit wirtschaftlichen Schwerpunkten machen ihm in der Schule am meisten Spaß. Er möchte nach Ausbildungsabschluss baldmöglichst für die Buchführung in seiner Apotheke zuständig werden. Der Apothekenleiter, Herr Heunstätter, unterstützt Adrians ehrgeizige Pläne und erklärt ihm alles, was er über Zahlungsvorgänge, Steuern, Gewinnberechnungen und das Controlling wissen muss.

Aufgabe 1

Auf jeder Rechnung sieht PKA-Azubi Adrian beim näheren Hinsehen, dass **Steuern** ausgewiesen sind. Herr Heunstätter erklärt ...

1a Die Apotheke hat ein Blutdruckmessgerät für 49,99 € (netto) eingekauft. Auf der Rechnung wurden 19 % **Umsatzsteuer (Mehrwertsteuer)** dazugerechnet. Adrian hat beim Einkauf nur den Betrag von 49,99 € gesehen. Er fragt, warum „plötzlich" noch 19 % Umsatzsteuer dazukommen.

1b Er berechnet den **Umsatzsteuer**betrag.

1c Der Nettopreis sieht natürlich viel attraktiver aus. „Warum bieten wir das Blutdruckmessgerät nicht auch zum Nettopreis von 49,99 € an und rechnen erst beim Verkauf die Mehrwertsteuer hinzu?", will Adrian wissen.

1d Die Alpen-Apotheke verkauft nun das Blutdruckmessgerät und verlangt 15,96 € Umsatzsteuer vom Kunden. Errechnen Sie den Preis (AVP), den der Kunde zahlen muss.

© Deutscher Apotheker Verlag 2021

1e An wen wird die Umsatzsteuer überwiesen?

....

1f Adrian stellt fest, dass beim Einkauf zunächst 9,50 € **Umsatzsteuer** und beim Verkauf dann nochmals 15,96 € **Umsatzsteuer** gezahlt wurden. „Da verdient der Staat ja gleich zweimal an diesem Gerät!", empört er sich gegenüber Herrn Heunstätter. „Pass' auf", sagt dieser, „hier geht es um das Prinzip der sogenannten **Vorsteuer**" und erklärt, dass ...

....

....

....

....

....

1g Adrian berechnet nun den an das Finanzamt zu überweisenden Betrag – mithilfe des Schemas:

Vereinnahmte Umsatzsteuer beim Endverkauf	
– (bereits bezahlte) Vorsteuer	
= Überweisungsbetrag (Zahllast)	

1h Adrian erfährt, dass die Zahllast nicht täglich mit dem Finanzamt abgerechnet werden muss. Wann ist die **Umsatzsteuer** regelmäßig abzurechnen?

....

....

....

1i Herr Heunstätter zeigt Adrian eine **Umsatzsteuervoranmeldung** und erklärt ihm, dass es nicht nur 19 % sondern auch 7 % **Umsatzsteuer** gibt.

a) Auf welche Warengruppe wird 7 % Umsatzsteuer erhoben?

....

....

....

b) Nennen Sie zwei apothekenübliche Produktgruppen, auf die der ermäßigte Umsatzsteuersatz erhoben wird.

....

....

....

13

© Deutscher Apotheker Verlag 2021

c) Adrian füllt die (hier stark vereinfachte) Umsatzsteuervoranmeldung aus, indem er die Angaben aus der folgenden Tabelle entsprechend einsetzt.

Umsatzsteuersatz	19 %	7 %
Umsatzerlöse netto	120.000,00 €	15.000,00 €
Umsatzsteuer	22.800,00 €	1.050,00 €
Wareneinsatz netto	85.000,00 €	10.000,00 €
Vorsteuer	16.150,00 €	700,00 €

Auszug: Umsatzsteuervoranmeldung

Monat	Jahr
Mai	2021

	Bemessungsgrundlage Ohne Umsatzsteuer		Steuer	
	Volle Euro	Cent	€	Ct
Steuerpflichtige Umsätze				
zum Steuersatz von 19 %				
zum Steuersatz von 7 %				
Abziehbare Vorsteuerbeträge Vorsteuerbeträge aus Rechnungen anderer Unternehmen usw.				

Aufgabe 2

Die Vorsteuern müssen dem Finanzamt durch Rechnung nachgewiesen werden. Die Rechnungen enthalten Pflichtangaben. Fehlen Angaben, wird die Vorsteuer **nicht** erstattet. Welche der folgenden Angaben sind **keine** Pflichtangaben? Antworten Sie durch Ankreuzen.

A	Steuernummer des Verkäufers + Steuersatz aufgeschlüsselt nach Höhe + Steuerbetrag	☐
B	Rechnungsnummer + Rechnungsdatum + Lieferdatum	☐
C	Name und Anschrift des Käufers und Verkäufers	☐
D	Menge und Art der gelieferten Gegenstände	☐
E	Freizeichnungsklauseln	☐
F	Ein Angebot	☐

© Deutscher Apotheker Verlag 2021

Aufgabe 3

Die Alpen-Apotheke hatte im Monat Juli Aufwendungen für apothekenübliche Waren in Höhe von 20 300,00 € netto. Der Umsatz an apothekenüblichen Waren betrug 28 420,00 € netto. Der **Umsatzsteuersatz** beträgt 19 %.

3a Berechnen Sie die Vorsteuer!

3b Berechnen Sie die Umsatzsteuer!

3c Berechnen Sie die Zahllast!

Aufgabe 4

Steuern haben Einfluss auf das **Betriebsergebnis** einer Apotheke. Sie mindern das Einkommen des Inhabers. Neben der Umsatzsteuer werden für den Apothekenbetrieb weitere Steuern veranlagt. Nennen Sie zwei weitere Steuern!

© Deutscher Apotheker Verlag 2021

Aufgabe 5

PKA-Azubi Adrian wird nun bereits damit beauftragt, das Einkaufskonto der Alpen-Apotheke zu überwachen, die Kontoauszüge zu prüfen und für die Buchhaltung richtig abzulegen.

5a Nach welchen Kriterien können **Kontoauszüge** sinnvoll abgelegt werden?

....

....

....

5b Wie lange müssen die Belege aufbewahrt werden?

....

5c Adrian prüft den vorliegenden **Kontoauszug** vom 01.06.2021.

Kontoauszug Nr. 06/2021			**Seite 1 von 1**	
Bu-Tag	**Wert**	**Vorgang**	**€**	
		Alter Kontostand vom 31.05.2021	**20 000,00**	**H**
01.06.2021	01.06.2021	SEPA-Lastschrift Warenrechnung Pharm. Großhandel	17 000,00	S
03.06.2021	02.06.2021	BAR-Einzahlung Tageseinnahmen Alpen-Apotheke	5 000,00	H
		Neuer Kontostand vom 03.06.2021	**8 000,00**	**H**

a) Wie lautet die Kontoauszugsnummer?

....

b) Wie hoch ist der Kontostand am 31.05.2021?

....

c) Was bedeuten die Zeichen „**S**" und „**H**" in der letzten Spalte?

....

....

d) Welche Position (Betrag) wird von dem alten Kontostand abgezogen?

....

e) Wie hoch ist der Kontostand am 02.06.2021?

....

f) Wie hoch ist der Kontostand zum Zeitpunkt des Ausdrucks dieses Kontoauszugs?

....

© Deutscher Apotheker Verlag 2021

Aufgabe 6

Erstellen Sie einen Buchungssatz und buchen Sie die SEPA-Lastschrift „Warenrechnung Pharmazeutischer Großhandel" aus Aufgabe 5c in in die unten stehenden Konten.

Buchungssatz	Soll	Haben

Soll	Bank	Haben

Soll	Verbindlichkeiten	Haben

Aufgabe 7

7a Herr Heunstätter legt PKA-Azubi Adrian weitere Geschäftsvorfälle zur Übung vor, er soll daraus Buchungssätze formulieren. Die Buchung der Umsatzsteuer darf er – zur Vereinfachung – erst einmal weglassen. Füllen Sie die Tabelle aus!

1. Die Apotheke verkauft einen gebrauchten Bürostuhl für 20,00 €. Er wird bar bezahlt.
2. Die Apotheke kauft zwei neue Bürostühle für 300,00 €. Die Stühle werden bar bezahlt.
3. Es wird ein PC auf Ziel angeschafft: 900,00 €.
4. Die Rechnung für die Dekorationsmaterialien wird per Überweisung bezahlt: 150,00 €.
5. 2000,00 € werden aus der Kasse entnommen und auf das Apothekenkonto eingezahlt.
6. Der Verkauf des gebrauchten Apothekenautos erbringt 2500,00 € (→ Überweisung).

	Buchungssatz	Soll	Haben
1.			
2.			
3.			
4.			
5.			
6.			

13

© Deutscher Apotheker Verlag 2021

7b Adrian hat alles richtig gemacht und „bekommt Lust auf mehr". In den folgenden drei Geschäftsvorfällen sollen – unter Berücksichtigung der Umsatzsteuer – die Buchungssätze gebildet werden. In den Beträgen ist die Umsatzsteuer von 19 % enthalten.

1. Die Apotheke kauft eine Geschirrspülmaschine und zahlt per Überweisung: 800,00 €.
2. Das Apotheken-E-Bike wird an eine benachbarte Apotheke für 400,00 € (bar) verkauft.
3. Ein neues Apotheken-Smartphone wird – auf Ziel – angeschafft: 450,00 €

	Buchungssatz	Soll	Haben
1.			
2.			
3.			

Aufgabe 8

Die Rechnung des Pharmazeutischen Großhandels für den letzten Monat hat die Höhe von 17 000,00 €. Die Waren wurden „auf Ziel" gekauft. Der Umsatzsteuersatz beträgt 19 %.

8a Adrian soll zur Buchung eine Position aus der Gewinn- und Verlustrechnung verwenden. Wie heißt die Position?

8b Erstellen Sie nun den Buchungssatz und buchen Sie die Beträge in die Konten!

	Buchungssatz	Soll	Haben

Soll	AfW	Haben

Soll	Verbind-lichkeiten	Habem

Soll	Vorsteuer	Haben

© Deutscher Apotheker Verlag 2021

Aufgabe 9

Adrian kontrolliert nun sein eigenes Konto und überprüft die verschiedenen Zahlverfahren.

Kontoauszug Nr. 06/2021			**Seite 1 von 1**	
Bu-Tag	**Wert**	**Vorgang**	**€**	
		Alter Kontostand vom 31.05.2021	**4 770,00**	**H**
02.06.2021	02.06.2021	GELDAUTOMAT NWZ 17:05 Uhr	600,00	S
02.06.2021	02.12.2019	DAUERAUFTRAG Miete|RM-Wohnungsbaugesellschaft	650,00	S
06.06.2021	07.06.2021	SEPA-Überweisung Rechnung „Weingut Traube"	100,00	S
15.06.2021	15.06.2021	SEPA-Lastschrift Kreditkartenabrechnung	80,00	S
15.06.2021	15.06.2021	SEPA-Lastschrift Energieversorgung Rhein-Main	150,00	S
20.06.2021	21.06.2021	Kartenzahlung DANKE! Ihr REWE-City-Center FFM	38,00	S
28.06.2021	28.06.2021	SEPA Eingang Alpen-Apotheke |Lohn/Gehalt	600,00	H
		Neuer Kontostand vom 30.06.2021	**3752,00**	**H**

9a Was bedeutet SEPA?

9b Wie wird ein Dauerauftrag veranlasst?

9c Warum eignen sich Mietzahlungen für einen Dauerauftrag?

9d Was ist eine Lastschrift?

13

© Deutscher Apotheker Verlag 2021

9e Wie wird ein Lastschriftauftrag erteilt?

9f Adrian hat am 07.09. bei einem Online-Handel ein Paar Sportschuhe und zwei T-Shirts gekauft. Rechnungswert 80,00 €. Adrian zahlte mit Kreditkarte. Beschreiben Sie den Weg dieses Zahlungsvorgangs.

9g Die Kreditkartenbank verlangt keine Zinsen auf den vorübergehenden Kredit. Wie kann die Bank unter diesen Umständen Gewinne machen?

9h Welcher Zahlungsvorgang liegt der „Kartenzahlung" über 38,00 € auf Adrians Kontoauszug zu Grunde?

9i Adrian hat an der Kasse des Supermarkts MINIMAX mit „Karte und PIN" gezahlt. Wann wird der Betrag von seinem Konto abgebucht?

© Deutscher Apotheker Verlag 2021

9j Ermitteln Sie, wie viel Geld Adrian im Monat September ausgegeben hat. Stellen Sie die Ausgaben seinen Einnahmen gegenüber. Was stellen Sie fest?

9k Adrians Kontoauszug enthält auch folgende Angaben:

Kontoauszug

Voralpenland Girobank eG Bergallee 12 80131 München Telefon (089) 98 76 54 32 BLZ 100 200 30	Girokonto Konto-Nummer: 0123456789 Kontoauszug-Nr. 09/... Erstellt am 30.09....|18:15 Uhr Blatt 1 von 1 IBAN: DE36 1002 0030 0123 4567 89 BIC: VOALDEBAFFF

a) Was bedeutet die Abkürzung „IBAN"?

b) Markieren Sie in der vorliegenden IBAN die Konto-Nummer durch Unterstreichen!
DE36 1002 0030 0123 4567 89

c) Markieren Sie in der vorliegenden IBAN die Bankleitzahl (BLZ) durch Unterstreichen!
DE36 1002 0030 0123 4567 89

d) Woran ist zu erkennen, dass es sich um ein Bankkonto **in Deutschland** handelt?

© Deutscher Apotheker Verlag 2021

Aufgabe 10

Adrian Winter hat eine Eintrittskarte für das INTERPHARM PKAaktiv-Seminar bestellt. Sie kostet 34,00 €. Er füllt den Überweisungsschein unter Verwendung folgender Angaben aus. Seine Überweisungsdaten sind auf seinem Kontoauszug zu finden.

Datum	24.01.2021
Empfänger	Kongress-Ticket-Verkauf GmbH
	PHARM-Bank Berlin
	IBAN: DE78 2002 0050 9876 5432 11
	BIC: PAMBDEABERX

Euro-Überweisung

Für Überweisungen in Deutschland, in andere EU/EWR-Staaten und in die Schweiz in Euro
Kontoinhaber trägt Entgelte bei seinem Kreditinstitut; Zahlungsempfänger trägt die übrigen Entgelte.

Kreditinstitut BIC

Angaben zum Zahlungsempfänger: Name, Vorname/Firma – max. 27 Stellen, bei maschineller Beschriftung max. 35 Stellen

IBAN

BIC des Kreditinstitutes/Zahlungsdienstleisters (8 oder 11 Stellen)

Betrag: Euro, Cent

Kunden-Referenznummer | Verwendungszweck, gegebenenfalls Name und Anschrift des Zahlers (Nur für Zahlungsempfänger)

Noch Verwendungszweck, insgesamt max. 2 Zeilen à 27 Stellen, bei maschineller Beschriftung 2 Zeilen à 36 Stellen

Angaben zum Kontoinhaber: Name, Vorname/Firma, Ort (max. 27 Stellen), keine Straßen oder Postfachangaben

IBAN

16

Datum Unterschrift(en)

EURO-ÜBERWEISUNG (SEPA)

Aufgabe 11

Adrian ist bereits sehr sachkundig hinsichtlich Beratung und Verkauf apothekenüblicher Waren. Mit den verschiedenen Bezahlarten kennt er sich ebenfalls aus.

11a Eine Kundin zahlt mit einem 100 €-Schein. Welche Merkmale gehören **nicht** zu den Sicherheitsmerkmalen des Geldscheins? Antworten Sie durch Ankreuzen.

A	Folienelement mit Hologramm	☐
B	Gezackter Seitenrand	☐
C	Kippeffekt	☐
D	Lochmuster	☐
E	Sicherheitsfaden	☐
F	Wasserzeichen	☐

© Deutscher Apotheker Verlag 2021

11b Was versteht man unter dem Kippeffekt auf einem Geldschein?

11c Ein Kunde zahlt mit einem 20 €-Schein. Diesem fehlt eine ganze Ecke. Kann der Geldschein überhaupt noch als Zahlungsmittel verwendet werden?

11d Wo kann der so beschädigte Geldschein in einen neuen umgetauscht werden?

Aufgabe 12

Die Alpen-Apotheke in München hat **drei** neue Stühle für den Wartebereich in der Offizin angeschafft und die gebrauchten, aber gut erhaltenen Stühle an den Seniorentreff „Gute alte Zeiten" gegenüber verkauft. Die Stühle werden am 28.06. vom **Leiter** des Seniorentreffs**, Josef Brunnhuber**, bezahlt und abgeholt. Herr Brunnhuber erhält eine Quittung über **120,00 €.** Adrian Winter stellt die Quittung aus.

Quittung

	Euro	Cent
Nettowert		
+ Ust.		
Gesamtbetrag		

Nr.:

Gesamtbetrag in Worten

von:

für:

dankend erhalten.

Ort:

Datum:

Buchungsvermerk

Firmenstempel/
Unterschrift des Empfängers

13

© Deutscher Apotheker Verlag 2021

Aufgabe 13

Adrian beschäftigt sich nun mit **einfachen Bilanzkennziffern**. Er möchte die Begriffe **Rohgewinn** und **Reingewinn** verstehen.

13a Ergänzen Sie die Aussagen – aus dem Lehrbuch PKA 27 – mit folgenden Begriffen.

Begriffe
Einstandspreis | Jahresabschlusses | Rohgewinn | Verkaufspreis | Wert

- Der Rohgewinn bei einem Warenverkauf bezeichnet die Differenz aus dem .... und dem ....
- Um den .... für ein Geschäftsjahr aus den Werten des .... berechnen zu können, muss auch berücksichtigt werden, wie sich der .... des Warenlagers in dieser Zeit verändert hat.

13b Berechnen Sie den Warenrohgewinn mit den angegebenen Werten nach folgendem Schema (Beträge ohne Umsatzsteuer).

Warenanfangsbestand	25.700,00 €
Wareneinkauf	37.800,00 €
Warenendbestand	32.000,00 €
Warenumsatz	43.200,00 €

Warenumsatz	
+ Warenendbestand	
– Warenanfangsbestand	
– Wareneinkauf	
= Rohgewinn	

13c Berechnen Sie nun den Warenrohgewinn mit folgenden Werten.

Warenanfangsbestand	45.200,00 €
Wareneinkauf	40.600,00 €
Warenendbestand	50.400,00 €
Warenumsatz	62.800,00 €

Warenumsatz	
+ Warenendbestand	
– Warenanfangsbestand	
– Wareneinkauf	
= Rohgewinn	

© Deutscher Apotheker Verlag 2021

13d Berechnen Sie den Warenrohgewinn jetzt noch mit folgenden Werten.

Warenanfangsbestand	37.500,00 €
Wareneinkauf	25.600,00 €
Warenendbestand	20.200,00 €
Warenumsatz	45.800,00 €

Warenumsatz	
+ Warenendbestand	
– Warenanfangsbestand	
– Wareneinkauf	
= Rohgewinn	

Aufgabe 14

Ergänzen Sie die Aussagen – aus dem Lehrbuch PKA 27 – mit folgenden Begriffen.

Begriffe
Aufwendungen | Gewinn- und Verlustrechnung | Jahresüberschuss | Kosten | positiver | Reingewinn

- Vom Rohgewinn ist der Reingewinn zu unterscheiden. Der .... ergibt sich aus dem Rohgewinn nach Abzug der .... und durch Hinzurechnung weiterer Erträge des Apothekenbetriebs.
- Darunter wird üblicherweise der Jahresüberschuss aus der .... verstanden.
- Der Reingewinn beziehungsweise der .... ist damit – vereinfacht gesagt – der Rohgewinn abzüglich der betrieblichen ....
- Wenn ein .... Reingewinn entsteht, ist das Unternehmen wirtschaftlich erfolgreich.

13

© Deutscher Apotheker Verlag 2021

Aufgabe 15

Markieren Sie mit einem Kreuz, welche der **Begriffe A–L** zu „Aufwendungen", welche zu „Erträge" gehören.

Begriffe		Aufwendungen (Ausgaben)	Erträge (Einnahmen)
A	Aufwendungen für Waren	☐	☐
B	Büromaterial	☐	☐
C	Einnahmen aus dem Verleih von Milchpumpen	☐	☐
D	Energiekosten	☐	☐
E	Erträge aus Wertpapiergeschäften	☐	☐
F	Gehälter	☐	☐
G	Löhne	☐	☐
H	Mietzahlung für die Apothekenräume	☐	☐
I	Telefonkosten	☐	☐
J	Umsatzerlöse für Waren	☐	☐
K	Zinsen für einen Kredit	☐	☐
L	Zinserträge	☐	☐

Aufgabe 16

Nachstehend wird die **Gewinn- und Verlustrechnung** der Alpen-Apotheke in tabellarischer Form dargestellt. Sie zeigt die Ertragsentwicklung in zwei aufeinanderfolgenden Jahren.
Beurteilen Sie die Ertragsentwicklung.

Position	Vorjahr [€]	Berichtsjahr [€]
Umsatzerlöse	1 705 000	1 690 000
– Wareneinsatz	1 143 000	1 140 000
– Personalkosten	280 000	305 000
– Zinsen für ein Darlehen	6 000	6 000
– Stromkosten	4 500	5 000
– Büromaterial	1 200	1 500
– Weitere Kosten	120 000	130 000
Jahresüberschuss	**150 300**	**102 500**

© Deutscher Apotheker Verlag 2021

Die Autorinnen

Jutta Heller

Studium der Pharmazie an der Johann-Wolfgang-Goethe-Universität Frankfurt/Main, 1985 Approbation als Apothekerin. Weiterbildung zur Fachapothekerin für Offizin-Pharmazie. Tätigkeit in einer öffentlichen Apotheke. Lehrtätigkeit an einer Berufsschule und einer Altenpflegeschule, 1998 bis 2000 Referendariat und Staatsexamen für das Lehramt an beruflichen Schulen, seit 2000 Unterrichtstätigkeit in allen Schulformen der berufsbildenden Schule. Ausbildungsbeauftragte am Studienseminar für berufliche Schulen Wiesbaden und Frankfurt/Main. Mitarbeit in der Lehrplankommission des beruflichen Gymnasiums Fachrichtung Gesundheit. Mitglied des Berufsbildungsausschusses, des Prüfungsaufgaben-Erstellungsausschusses und des Prüfungsausschusses für PKA der Landesapothekerkammer Hessen.

Isabel Ehrbeck-Lahrs

Studium der Pharmazie an der Philipps-Universität Marburg. Tätigkeiten in öffentlichen Apotheken und in einer Krankenhausapotheke, Referendariat am Studienseminar für berufliche Schulen in Frankfurt am Main. Anschließende Lehrtätigkeit an der Julius-Leber-Schule in Frankfurt am Main, dort heute Fachbereichsleiterin. Mitglied des PKA-Berufsbildungsausschusses und des PKA-Prüfungsausschusses der Landesapothekerkammer Hessen. 2012 Mitglied der PKA-Rahmenlehrplankommission beim Kultusministerium Hessen.

Astrid Unthan

Studium der Wirtschaftspädagogik mit Abschluss als Diplom-Handelslehrerin. Ehemalige Studiendirektorin an der Julius-Leber-Schule in Frankfurt am Main. Bis 2018 Abteilungsleiterin und unterrichtende Lehrerin im Bereich Zahnmedizinische Fachangestellte und Pharmazeutisch-kaufmännische Angestellte. Mitglied des Prüfungsausschusses für PKA sowie Mitglied des Berufsbildungsausschusses für PKA.

Einkauf, Marketing, Beratung

Ein starkes Angebot

PKAaktiv als Heft und Newsletter

PKAaktiv

Forum für pharmazeutisch-kaufmännische Angestellte

Erscheinungsweise 4 x im Jahr

ISSN 1860-8736

Abobestellung auf www.deutscher-apotheker-verlag.de und „pkaaktiv" in das Suchfeld eingeben.

Hier geht's zum Abo:

Der kostenlose PKAaktiv-Newsletter

Senden Sie eine E-Mail an pkaaktiv@deutscher-apotheker-verlag.de

Deutscher Apotheker Verlag

Deutscher Apotheker Verlag

Abonnenten-Service · Birkenwaldstraße 44 · 70191 Stuttgart

Telefon 0711 2582 353 · Fax 0711 2582 390

service@deutscher-apotheker-verlag.de · www.deutscher-apotheker-verlag.de